MEIN GROSSER KOSMOS

WELT RAUM ATLAS

VON JUSTINA ENGELMANN

MIT ILLUSTRATIONEN VON GUNTHER SCHULZ

KOSMOS

INHALT

SO BENUTZT DU DEINEN ATLAS 4
VORWORT VON ASTROPHYSIKER HARALD LESCH 5
UNSER PLATZ IM WELTALL 6

SONNE UND PLANETENSYSTEM – ÜBERSICHT 8
DIE SONNE 10
MERKUR 12
VENUS 14
DIE ERDE 16
INTERNATIONALE RAUMSTATION 18
RAUMFAHRT 20
DER MOND 22
LANDUNG AUF DEM MOND (MIT AUSKLAPPSEITE) 24
ASTRONAUTEN 28
MARS 30
LANDUNG AUF DEM MARS (MIT AUSKLAPPSEITEN) 32
ASTEROIDEN 38
METEORITEN 40
JUPITER 42
DIE JUPITERMONDE 44
SATURN 46
DER SATURNRING UND DIE MONDE 48
URANUS 50
NEPTUN 52
HINTER NEPTUN 54
PLUTO 56
KOMETEN 58
ANFANG UND ENDE (MIT AUSKLAPPSEITE) 60

STERNE UND MILCHSTRASSE – ÜBERSICHT 64
STERNE 66
FREMDE PLANETEN 68
AUSSERIRDISCHE 70
DAS LEBEN DER STERNE 72
LEUCHTENDE GASNEBEL 74
OFFENE STERNHAUFEN 76
KUGELSTERNHAUFEN 78
DAS ENDE DER STERNE 80
DIE MILCHSTRASSE 82
SCHWARZE LÖCHER (MIT AUSKLAPPSEITE) 84

GALAXIEN UND WELTALL – ÜBERSICHT	88
SPIRALGALAXIEN	90
ANDERE GALAXIEN	92
DIE LOKALE GRUPPE	94
DAS WELTALL	96
DER URKNALL	98
UNSICHTBARES	100
DIE ZUKUNFT	102
GEHEIMNISSE	104

BEOBACHTEN UND ERKUNDEN – ÜBERSICHT	106
DEINE AUSRÜSTUNG	108
DER FRÜHLINGSSTERNENHIMMEL	110
DER SOMMERSTERNENHIMMEL	112
DER HERBSTSTERNENHIMMEL	114
DER WINTERSTERNENHIMMEL	116
PLANETEN	118
DER MOND	120
DIE SONNE	122

REGISTER	124

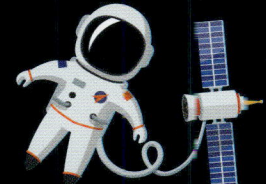

SO BENUTZT DU DEINEN ATLAS

DIE FARBE DER KÄSTEN ZIEHT SICH ALS RAHMENFARBE DURCH DIE JEWEILIGEN KAPITEL:

Zu einigen Kapiteln gibt es **AUSKLAPPSEITEN**. Hier findest du jede Menge Zusatzwissen zur Landung auf dem Mond und dem Mars, zu unserem Sonnensystem und zu den geheimnisvollen Schwarzen Löchern.

IN DEN KÄSTEN MIT DIESEN SYMBOLEN FINDEST DU SPANNENDE EXTRA-INFOS:

 ALLGEMEINER ÜBERBLICK

 WICHTIG ZU WISSEN

 LUSTIGES

 REKORDE

HALLO, ICH BIN'S, DEIN ASTRONAUT!

Ich begleite dich durch den Weltraum und fliege mit dir zum Mond, zu allen Planeten und zu weit entfernten Galaxien.

VORWORT
VON ASTROPHYSIKER HARALD LESCH

DAS UNIVERSUM IST EINMALIG. Es ist das Allergrößte, es ist das Allerleerste und vielleicht auch das Allerinteressanteste. Nichts ist so wie der Weltraum. Die Astronauten, die schon dort waren, sind völlig begeistert vom Blick auf die Erde, vom Gefühl der Schwerelosigkeit und von der grenzenlosen Schwärze. Die Raumschiffe haben nur wenige Zentimeter dicke Metallwände, die die Astronauten vor dem Vakuum des Alls schützen. Eigentlich müssten die Astronauten große Angst haben, weil das Reisen in den Weltraum eine große Gefahr für sie bedeutet. Und trotzdem haben sie keine Angst, weil das Universum ganz offensichtlich süchtig macht und sie immer mehr vom Weltraum entdecken und immer mehr Astronomie verstehen wollen.

DU KANNST ES DIR SO VORSTELLEN: Wir auf der Erde leben an der Küste des Weltraumozeans. Wenn wir hinausschauen, sehen wir tagsüber nur einen Stern, die Sonne. Sie überstrahlt alle anderen Sterne des Universums, weil sie so „nah" ist – nur 150 Millionen Kilometer von uns entfernt. Ihr Licht braucht aber mehr als acht Minuten, bis es unsere Erde erreicht. Die Sonne ist die allerwichtigste Energiequelle im Universum, ohne sie wäre unser Planet ein Eisbrocken ohne Leben. Viel näher, nämlich nur knappe 400.000 Kilometer entfernt, ist unser Mond. Ihn haben schon Menschen besucht, nämlich amerikanische Astronauten. Sie waren auf dem Mond zu Fuß und im Mondauto unterwegs.
Auf den anderen Planeten waren wir Menschen noch nie. Raumsonden sind dort gelandet, manche sogar mit kleinen Rovern, so nennt man Fahrzeuge, die über die Planetenoberfläche fahren können. Und wir haben von allen Planeten und ihren Monden atemberaubende Bilder, weil viele Sonden durch das Sonnensystem fliegen und alles fotografieren. Sogar Kometen und Asteroiden wurden fotografiert, also uralte Gesteinsbrocken, die von der Entstehung des Sonnensystems, vor undenkbaren 4,5 Milliarden Jahren, noch übrig geblieben sind. Anhand von Meteoritenbrocken kann man das Geburtsalter der Erde sehr genau bestimmen und du kannst es dir sogar gut merken: 4,567 Milliarden Jahre.

UNSERE RAUMSONDEN haben unser Sonnensystem aber noch nie verlassen. Das Sonnensystem, welches wir kennen, ist nur eines von vielen in unserer Milchstraße. Womöglich gibt es Millionen Planetensysteme in unserer Heimatgalaxie. Sie ist so groß, dass ich mich kaum traue, es hier aufzuschreiben: Ihr Durchmesser beträgt 100.000 Lichtjahre – unvorstellbar! Und sie enthält Milliarden Sterne. Aber jetzt werden die Zahlen schon so riesig, dass du noch mehr Mühe haben wirst, sie dir vorzustellen: Es gibt 100 Milliarden Galaxien, unsere nächste größere Nachbarin, die Andromeda-Galaxie ist 2,5 Millionen Lichtjahre weit entfernt. Wir sehen also heute in unseren Fernrohren diese Galaxie so, wie sie vor 2,5 Millionen Jahren war. Wie sie heute aussieht, können wir nie wissen, denn Licht ist zwar schnell, aber nicht unendlich schnell.

DAS WELTALL ist aber nicht nur unglaublich groß, sondern auch unglaublich leer. Wenn du Sterne und sogar Galaxien am Himmel sehen kannst, dann darf ja nichts im Weltall sein, was das Licht der Sterne in sich aufgenommen hätte. Also muss das Universum fast ganz leer sein. Alle Objekte im Universum spüren die Kraft ihrer Massen, die Schwerkraft. Und so wie uns die Schwerkraft der Erde festhält, so halten sich die Galaxien auch gegenseitig und ziehen sich an. So entstehen die Haufen von Milchstraßen überall im Universum. Aber dazwischen ist es fast ganz leer.

UND WEIL DU IN DIESEM IRREN UNIVERSUM unbedingt eine Orientierung brauchst, gibt es diesen wunderbaren Atlas. Mithilfe von vielen sehr originellen Vergleichen findest du dich gut zurecht im Universum. Die Bilder und Zeichnungen sind großartig und machen Lust aufs Weltall und auf ein Universum, in dem wir auf einem wundervollen kleinen blauen Planeten zusammen leben dürfen.

WAS FÜR EIN GLÜCK!
ABER SCHAU MAL SELBST REIN...

UNSER PLATZ IM WELTALL

UNSERE HEIMAT, DIE ERDE,

erscheint uns oft riesig. Wenn du in ein fernes Land reisen möchtest, musst du stundenlang im Flugzeug sitzen. Das ist aber gar nichts gegen eine Reise zum Mond: Dorthin wärst du mit dem Flugzeug zweieinhalb Wochen unterwegs. Zur Sonne wären es schon 19 Jahre. Und bis zum nächsten Stern müsstest du Tausende von Jahren reisen. Viele Sterne sind aber noch viel weiter weg. Die Erde ist nur ein winziges Pünktchen im Weltall!

DIE ERDE ist unser Zuhause im Weltall. Sie ist ein kleiner blauer Planet. Der Mond ist ihr Begleiter. Er dreht sich um die Erde.

der Mond

die Erde

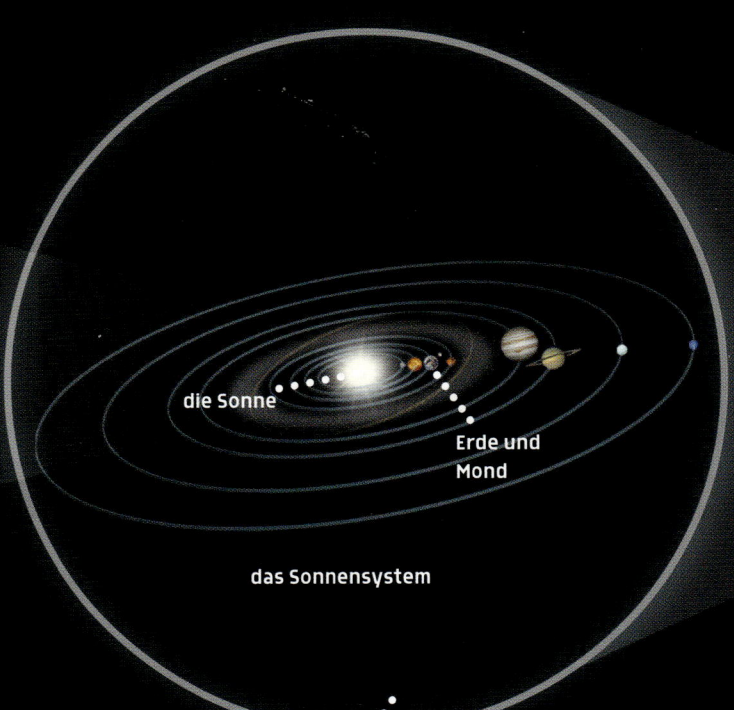

die Sonne

Erde und Mond

das Sonnensystem

IM SONNENSYSTEM wandert die Erde zusammen mit sieben anderen Planeten um die Sonne. Die Erde ist der dritte Planet.

DIE FORSCHER erkunden das Weltall mit großen Teleskopen oder mit Satelliten, die um die Erde kreisen. In unserem Sonnensystem können sie auch mit Raumsonden zu anderen Planeten fliegen. Das Sonnensystem ist aber nur ein winziger Teil des Weltalls. Alles andere ist viel zu weit weg, um hinzufliegen. Deswegen können die Forscher das meiste nur aus großer Ferne beobachten. Manches schließen sie auch aus Überlegungen und Berechnungen. Aber sie wissen noch lange nicht alles über das Weltall.

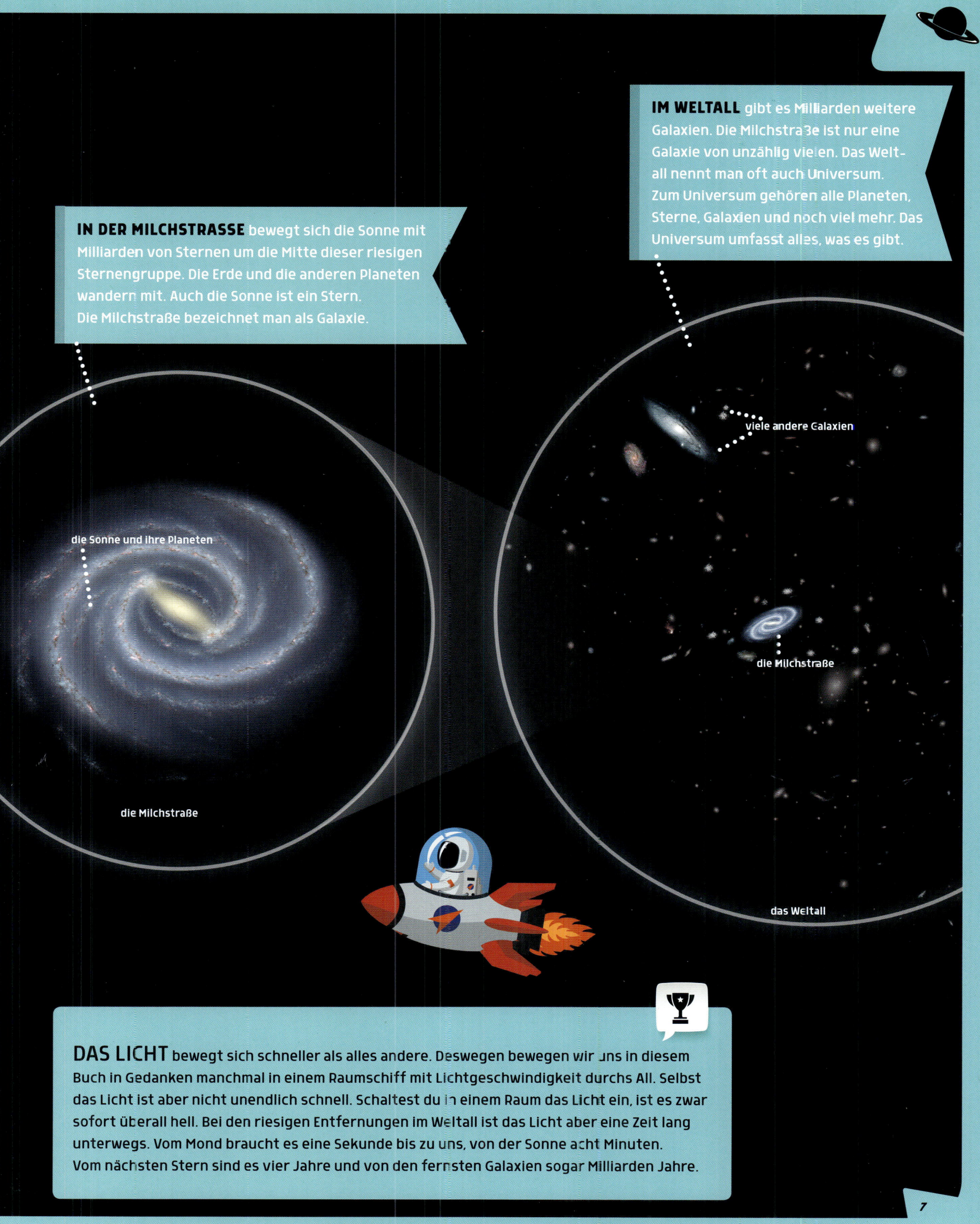

IN DER MILCHSTRASSE bewegt sich die Sonne mit Milliarden von Sternen um die Mitte dieser riesigen Sternengruppe. Die Erde und die anderen Planeten wandern mit. Auch die Sonne ist ein Stern. Die Milchstraße bezeichnet man als Galaxie.

IM WELTALL gibt es Milliarden weitere Galaxien. Die Milchstraße ist nur eine Galaxie von unzählig vielen. Das Weltall nennt man oft auch Universum. Zum Universum gehören alle Planeten, Sterne, Galaxien und noch viel mehr. Das Universum umfasst alles, was es gibt.

die Sonne und ihre Planeten

die Milchstraße

viele andere Galaxien

die Milchstraße

das Weltall

DAS LICHT bewegt sich schneller als alles andere. Deswegen bewegen wir uns in diesem Buch in Gedanken manchmal in einem Raumschiff mit Lichtgeschwindigkeit durchs All. Selbst das Licht ist aber nicht unendlich schnell. Schaltest du in einem Raum das Licht ein, ist es zwar sofort überall hell. Bei den riesigen Entfernungen im Weltall ist das Licht aber eine Zeit lang unterwegs. Vom Mond braucht es eine Sekunde bis zu uns, von der Sonne acht Minuten. Vom nächsten Stern sind es vier Jahre und von den fernsten Galaxien sogar Milliarden Jahre.

ÜBERSICHT
SONNE UND PLANETENSYSTEM

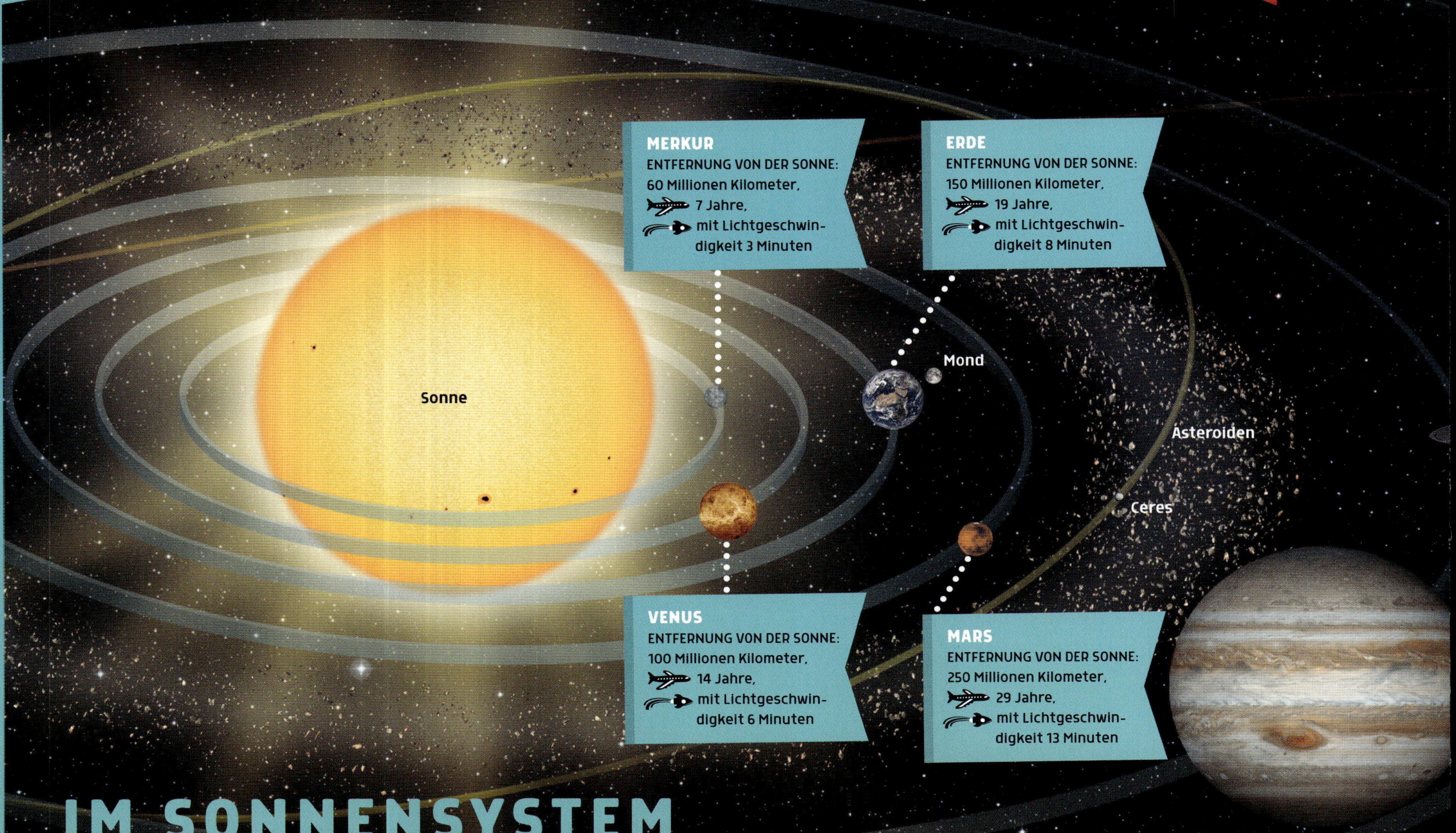

MERKUR
ENTFERNUNG VON DER SONNE:
60 Millionen Kilometer,
🚀 7 Jahre,
☄️ mit Lichtgeschwindigkeit 3 Minuten

ERDE
ENTFERNUNG VON DER SONNE:
150 Millionen Kilometer,
🚀 19 Jahre,
☄️ mit Lichtgeschwindigkeit 8 Minuten

VENUS
ENTFERNUNG VON DER SONNE:
100 Millionen Kilometer,
🚀 14 Jahre,
☄️ mit Lichtgeschwindigkeit 6 Minuten

MARS
ENTFERNUNG VON DER SONNE:
250 Millionen Kilometer,
🚀 29 Jahre,
☄️ mit Lichtgeschwindigkeit 13 Minuten

Sonne · Mond · Asteroiden · Ceres

IM SONNENSYSTEM

kreisen acht Planeten um die Sonne. Die Sonne ist ein leuchtender Stern und riesig groß. Die Planeten sind durch die Schwerkraft an sie gebunden. Die Schwerkraft hält auch uns Menschen auf der Erde. Für eine Runde um die Sonne brauchen die Planeten unterschiedlich lang. Man bezeichnet das als Umlauf. Die Planeten drehen sich auch selbst. Alle Planeten sind rund. Sie selbst leuchten nicht, sie werden aber von der Sonne angestrahlt.

GESTEINSPLANETEN nennt man die vier inneren Planeten. Sie kreisen nah an der Sonne und heißen Merkur, Venus, Erde und Mars. Unsere Erde gehört also auch dazu. Sie haben eine feste Oberfläche aus Stein. Man nennt sie auch erdähnliche Planeten. Diese Planeten sind alle recht klein, der größte ist die Erde. Der Mond kreist um die Erde. Zwei viel kleinere Monde umkreisen den Mars. Merkur und Venus haben keinen Mond.

ZWERGPLANETEN UND MONDE flitzen außer Planeten, Asteroiden und Kometen noch im Sonnensystem herum. Auch Zwergplaneten sind rund, sie sind aber kleiner als die Planeten. Auf ihren Bahnen können noch andere Brocken um die Sonne kreisen. Das ist auch bei Asteroiden und Kometen so. Sie sind noch kleiner und unregelmäßig geformt. Monde kreisen um Planeten oder Zwergplaneten. Alle diese Körper werden wie die Planeten von der Sonne angestrahlt und leuchten nicht selbst.

ASTEROIDEN UND KOMETEN laufen in Scharen um die Sonne. Zwischen den Planeten Mars und Jupiter bevölkern Asteroiden einen breiten Streifen. Man nennt ihn Asteroidengürtel. Asteroiden sind Brocken aus Stein und Metall. Auch der kleinste Zwergplanet Ceres kreist hier. Hinter dem äußersten Planeten Neptun befindet sich ein noch größerer Bereich mit Klumpen aus Eis und Fels. Er heißt Kuiper-Gürtel. Darin wandern viele Kometen und vier weitere Zwergplaneten um die Sonne. Der größte heißt Pluto.

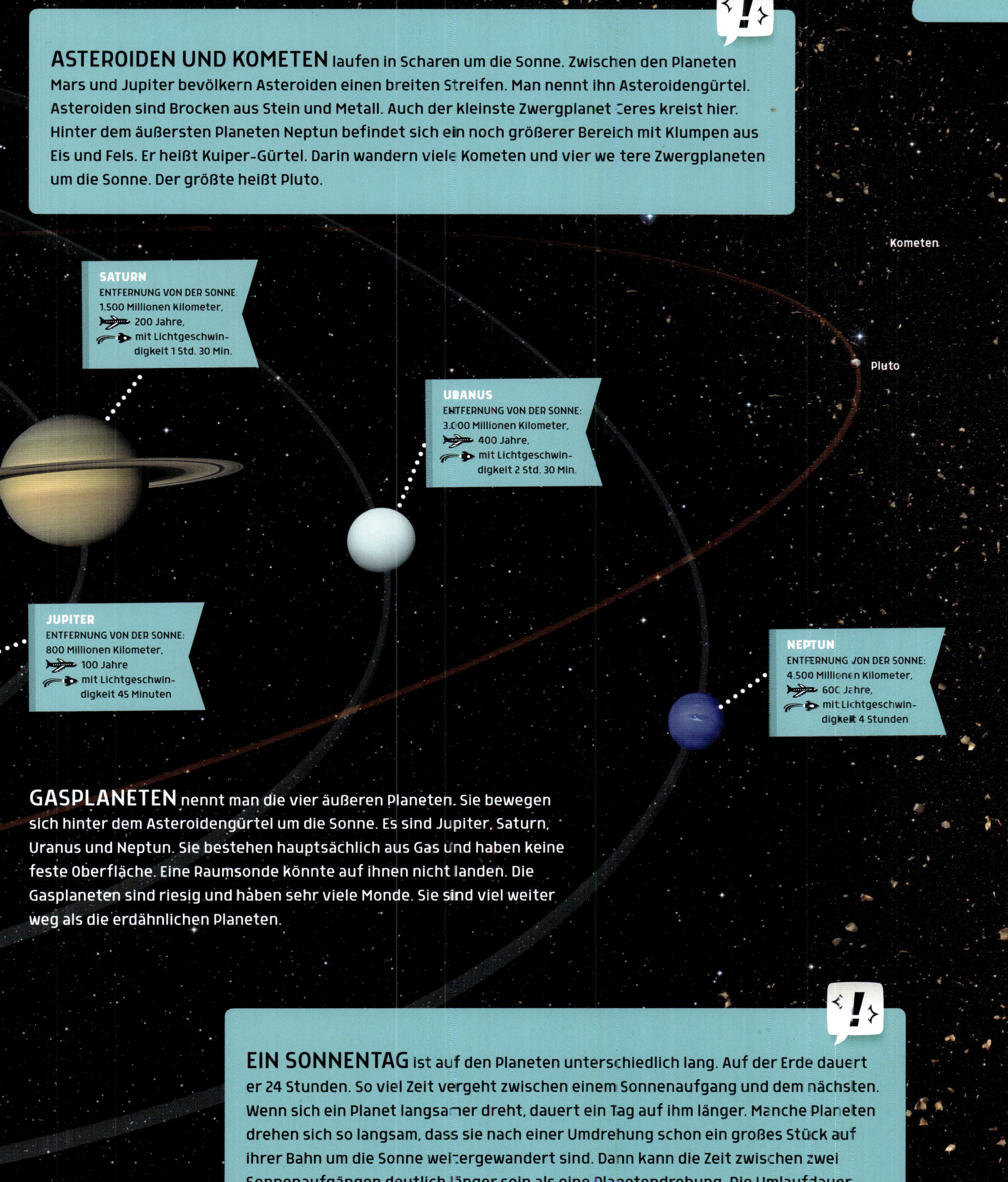

SATURN
ENTFERNUNG VON DER SONNE:
1.500 Millionen Kilometer,
200 Jahre,
mit Lichtgeschwindigkeit 1 Std. 30 Min.

URANUS
ENTFERNUNG VON DER SONNE:
3.000 Millionen Kilometer,
400 Jahre,
mit Lichtgeschwindigkeit 2 Std. 30 Min.

JUPITER
ENTFERNUNG VON DER SONNE:
800 Millionen Kilometer,
100 Jahre
mit Lichtgeschwindigkeit 45 Minuten

NEPTUN
ENTFERNUNG VON DER SONNE:
4.500 Millionen Kilometer,
600 Jahre,
mit Lichtgeschwindigkeit 4 Stunden

GASPLANETEN nennt man die vier äußeren Planeten. Sie bewegen sich hinter dem Asteroidengürtel um die Sonne. Es sind Jupiter, Saturn, Uranus und Neptun. Sie bestehen hauptsächlich aus Gas und haben keine feste Oberfläche. Eine Raumsonde könnte auf ihnen nicht landen. Die Gasplaneten sind riesig und haben sehr viele Monde. Sie sind viel weiter weg als die erdähnlichen Planeten.

EIN SONNENTAG ist auf den Planeten unterschiedlich lang. Auf der Erde dauert er 24 Stunden. So viel Zeit vergeht zwischen einem Sonnenaufgang und dem nächsten. Wenn sich ein Planet langsamer dreht, dauert ein Tag auf ihm länger. Manche Planeten drehen sich so langsam, dass sie nach einer Umdrehung schon ein großes Stück auf ihrer Bahn um die Sonne weitergewandert sind. Dann kann die Zeit zwischen zwei Sonnenaufgängen deutlich länger sein als eine Planetendrehung. Die Umlaufdauer eines Planeten um die Sonne nennt man ein Planetenjahr.

SONNE UND PLANETENSYSTEM
DIE SONNE

DIE SONNE ist lebenswichtig für uns. Sie strahlt Licht und Wärme aus und sorgt für Helligkeit und angenehme Temperaturen auf der Erde. Die Sonne ist auch ein Stern. Sie ist unser Stern! Weil sie so nah ist, erscheint sie viel größer als andere Sterne und ist gleißend hell. Die Sonne erleuchtet das gesamte Planetensystem. Könnte man sie ausknipsen, würden wir auch keinen Mond und keine Planeten mehr sehen. Es würden nur noch andere Sterne am Himmel strahlen.

Größenvergleich Sonne – Erde

DURCHMESSER:
mehr als eine Million Kilometer, über 100-mal so groß wie die Erde

MASSE:
mehr als 300.000-mal so schwer wie die Erde, 700-mal so schwer wie alle Planeten zusammen

ENTFERNUNG VON DER ERDE:
zwischen 147 und 152 Millionen Kilometer: ein ✈ braucht mindestens 19 Jahre dorthin, ein ☄ mit Lichtgeschwindigkeit etwas mehr als acht Minuten

TEMPERATUR AN DER OBERFLÄCHE:
5.500 Grad

EINE SONNENDREHUNG:
ungefähr ein Monat

PLANETEN:
acht

AKTUELLSTE RAUMSONDE:
Parker Solar Probe (seit 2018)

ASTRONOMISCHES SYMBOL:
☉, das ist ein altes ägyptisches Zeichen für die Sonne

ACHTUNG: Eigentlich ist es schön, wenn die Sonne scheint. Aber die Sonne ist auch gefährlich! Sie sendet schädliche Strahlung aus. Die Lufthülle und das Erdmagnetfeld schützen uns zum Teil davor. Trotzdem musst du dich eincremen, damit du keinen Sonnenbrand bekommst. Die Sonne blendet auch. Du darfst daher niemals direkt in die Sonne sehen, auch nicht mit einer Sonnenbrille. Und auf gar keinen Fall mit einem Fernglas oder einem Teleskop. Du kannst dabei blind werden!

EINE KUGEL aus glühend heißem Gas – das ist unsere Sonne. Landen könnte man auf ihr also nicht. Die Sonne besteht hauptsächlich aus Wasserstoff. Das ist das leichteste Gas, das es gibt. Hinzu kommt etwas Helium. Man füllt es oft in Luftballons, damit sie nach oben steigen. Trotzdem ist die Sonne 700-mal so schwer wie alle Planeten zusammen und so breit wie 109 Erdkugeln nebeneinander. Die Sonne ist also riesengroß! Im Vergleich zu anderen Sternen ist sie aber nichts Besonderes!

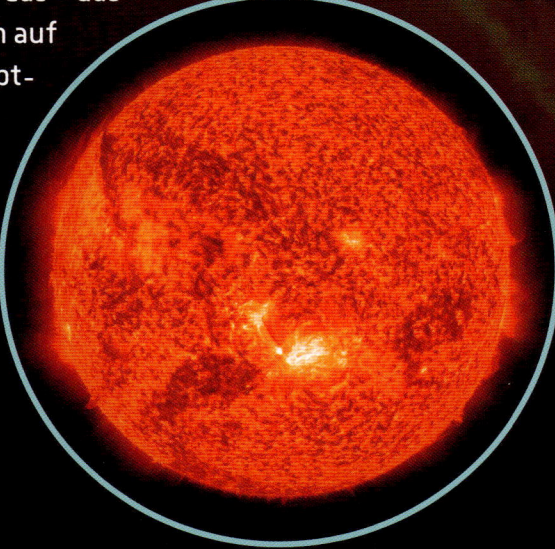

5.500 GRAD HEISS ist es auf der Oberfläche unserer Sonne. Das ist 20-mal heißer als in einem Backofen! Es brodelt wie in einem Topf mit kochendem Wasser. Ab und zu sieht man einige dunkle Flecken. Diese Sonnenflecken sind kühler und wirken deswegen dunkel. Sie werden vom Magnetfeld der Sonne verursacht. Manchmal steigen auch riesige Bögen oder Zungen aus Gas aus der Sonne auf. Man nennt sie Protuberanzen. Im Vergleich zu einigen Sonnenflecken und den riesigen Protuberanzen ist unsere Erde winzig!

Größenvergleich Sonnenfleck – Erde

Größenvergleich Protuberanz – Erde

POLARLICHTER kann man häufig in nördlichen Ländern beobachten: in Schweden, Finnland oder Norwegen zum Beispiel. Sie sehen aus wie schimmernde Vorhänge am Himmel. Erzeugt werden sie durch den Sonnenwind. Er besteht aus Gasteilchen von der Sonne, die durch das Erdmagnetfeld zu den Polen der Erde geleitet werden. Dort treffen sie auf unsere Lufthülle, die dann grünlich oder rötlich leuchtet. Wenn die Sonne viele Flecken hat, ist der Sonnenwind oft besonders stark. Dann kann man sogar bei uns manchmal Polarlichter sehen.

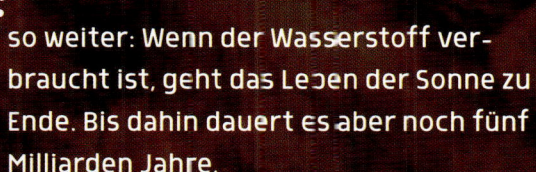

DIE SONNE LEUCHTET, weil sie tief in ihrem Inneren Energie erzeugt. Dort ist es 15 Millionen Grad heiß und es herrscht ein gewaltiger Druck. Wasserstoff verschmilzt hier zu Helium. Man nennt das Kernfusion. Ein Teil des Gases wird dabei in Strahlung umgewandelt. Die Sonne verbrennt sich praktisch selbst. So produziert sie Licht und Wärme. Natürlich geht das nicht immer so weiter: Wenn der Wasserstoff verbraucht ist, geht das Leben der Sonne zu Ende. Bis dahin dauert es aber noch fünf Milliarden Jahre.

DER HEISSESTE ORT in unserem Sonnensystem ist die Sonne! Obwohl sie kein besonders großer oder schwerer Stern ist, produziert die Sonne eine enorme Strahlung: In einer Sekunde sendet sie mehr Energie aus als alle Atomkraftwerke der Erde zusammen über einen Zeitraum von 750.000 Jahren! Dabei wird sie pro Sekunde vier Milliarden Kilogramm leichter, denn sie verbrennt ja ihr Gas. Im Vergleich zu ihrer großen Gesamtmasse macht das aber nichts aus.

SONNE UND PLANETENSYSTEM
MERKUR

MERKUR ist der Planet, der unserer Sonne am nächsten steht. Er ist der kleinste von allen acht Planeten. Im Vergleich zur Erde wirkt er wie ein Tennisball neben einem Fußball. Er sieht ähnlich aus wie der Mond: grau mit vielen Einschlagkratern. Merkur trägt den Namen des römischen Götterboten. Er musste immer schnell unterwegs sein, um Nachrichten zu überbringen. Auch Merkur ist flink: Da er so nah an der Sonne kreist, bewegt er sich am schnellsten von allen Planeten.

Größenvergleich Merkur – Erde

DURCHMESSER:
4.900 Kilometer, nicht einmal halb so groß wie die Erde

MASSE:
fast 20-mal leichter als die Erde

ENTFERNUNG VON DER ERDE:
zwischen 80 und 220 Millionen Kilometer: ein ✈ braucht mindestens zehn Jahre dorthin, ein ☄ mit Lichtgeschwindigkeit viereinhalb Minuten

UMLAUFGESCHWINDIGKEIT UM DIE SONNE:
172.000 Stundenkilometer

TEMPERATUR AN DER OBERFLÄCHE:
zwischen 430 und minus 170 Grad

EINE MERKURDREHUNG:
fast zwei Monate

EIN MERKURUMLAUF:
fast drei Monate

MONDE:
keiner

AKTUELLSTE RAUMSONDE:
Messenger (2011–2015)

ASTRONOMISCHES SYMBOL:
☿, es steht für den Helm mit Flügeln und den Stab, den der römische Gott Merkur trug

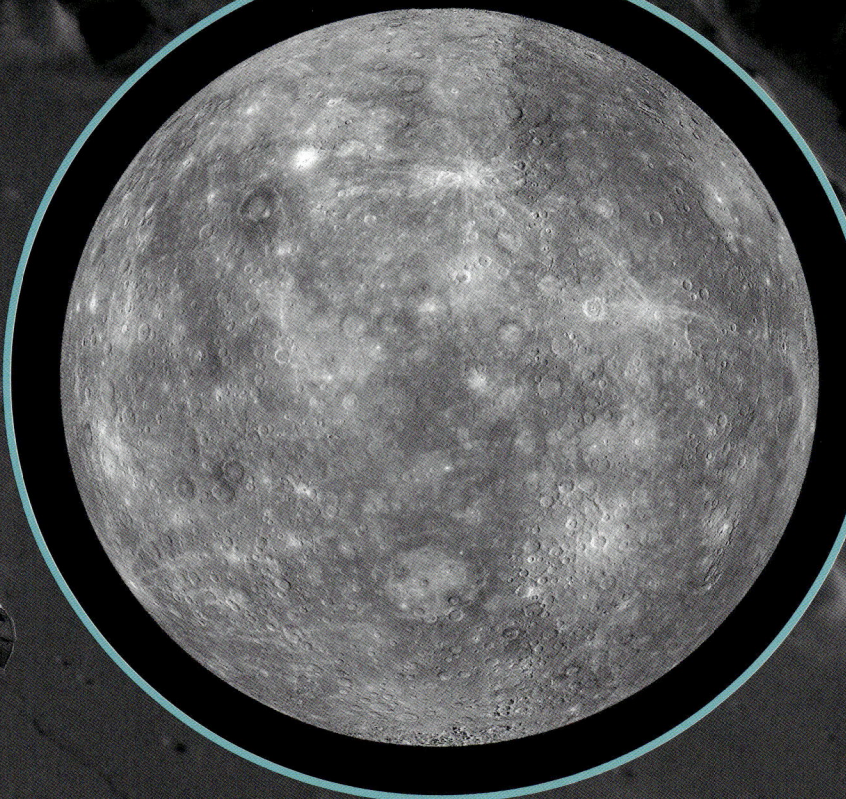

das Caloris-Becken

VON KRATERN ÜBERSÄT ist Merkurs Oberfläche. Sie besteht aus Gestein. Die Krater stammen von Fels- und Eisbrocken aus dem Weltall. Sie sind dort vor Milliarden Jahren eingeschlagen. Der kleine Planet hat keine schützende Lufthülle, die solche Brocken abbremsen könnte. Um manche Krater kann man helle Strahlen erkennen. Das ist Gestein, das beim Einschlag ausgeworfen wurde und noch nicht so alt ist. Bei einem besonders gigantischen Einschlag ist das riesige Caloris-Becken entstanden: Es ist größer als Deutschland!

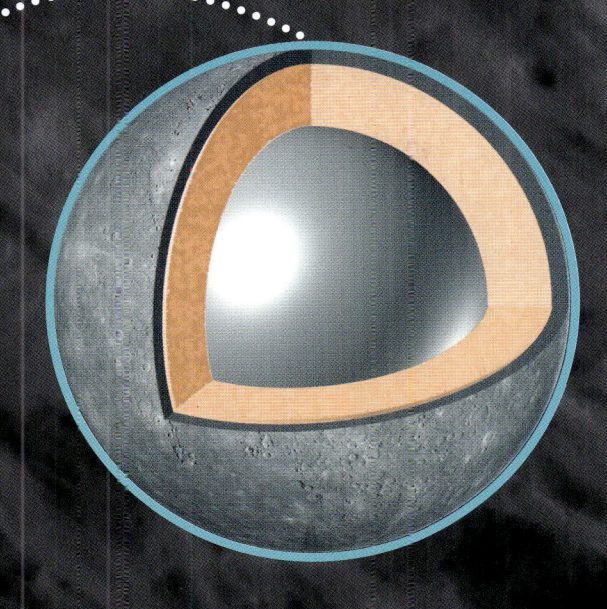

BESONDERS GROSS ist der Kern von Merkur. Der Planet ist zwar klein, dafür aber erstaunlich schwer. Das wissen die Astronomen aus Messungen von Raumsonden. Alle erdähnlichen Planeten haben tief in ihrem Inneren einen Metallkern aus Eisen. Bei Merkur macht er aber rund drei Viertel des gesamten Planetendurchmessers aus. Damit ist der Metallkern von Merkur sehr groß, etwa so groß wie unser Mond.

„RUNZELN" sind etwas Besonderes auf Merkur. Der kleine Planet hat extrem steile Böschungen: Sie ragen bis zu zwei Kilometer in die Höhe und sind mehrere hundert Kilometer lang. Die Astronomen glauben, dass Merkur früher einmal heißer war als heute und sich bei der Abkühlung zusammengezogen hat. Der Planet ist also geschrumpft. Dabei sind wahrscheinlich seine „Runzeln" entstanden. Es gibt aber auch sanft gewellte und glatte Ebenen. Sie sind vermutlich von erstarrter Lava bedeckt, die vor langer Zeit aus dem Planeteninneren aufgestiegen ist.

BIS ZU 430 GRAD heiß kann es tagsüber werden. Das ist eine Hitze wie in einem Pizzaofen, viel heißer als in einem normalen Backofen. Nachts wird es dafür mit minus 170 Grad eisig kalt. Der Grund für die enormen Temperaturunterschiede ist, dass Merkur keine Lufthülle hat. Sie könnte die Schwankungen etwas ausgleichen.

DIE ERKUNDUNG von Merkur ist schwierig. Für Teleskope steht er zu nah an der gleißend hellen Sonne oder zu tief am Horizont. Dort ist die Luft besonders unruhig und lässt Bilder unscharf werden. Auch für Raumsonden ist Merkur kein einfaches Ziel. Sie müssen sich auf komplizierten Bahnen annähern und dabei stark abbremsen, um nicht Richtung Sonne vorbeizurasen. Zudem ist es in der Nähe der Sonne enorm heiß und alles ist intensiver Strahlung ausgesetzt. Deswegen wurde Merkur bisher auch nur von den beiden amerikanischen Raumsonden Mariner 10 und Messenger besucht.

LÄNGER ALS ein Merkurjahr dauert ein Sonnentag auf Merkur. Das liegt daran, dass er sich so langsam um sich selbst dreht. Wenn er eine Umdrehung geschafft hat, hat er sich auch schon deutlich weiter um die Sonne bewegt. Beides zusammen führt dazu, dass die Sonne an einem Ort auf Merkur nur alle sechs Monate aufgeht. Dann folgen drei Monate Sonnenschein und drei Monate dunkle Nacht. Ein Sonnentag dauert also sechs Monate und damit zwei ganze Merkurjahre!

SONNE UND PLANETENSYSTEM
VENUS

DIE VENUS ist der Nachbarplanet der Erde in Richtung Sonne. Sie kommt der Erde manchmal besonders nahe, näher als alle anderen Planeten. Benannt ist sie nach der römischen Göttin der Schönheit und der Liebe. Venus und Erde sind sich sehr ähnlich, sie sind fast gleich groß und schwer. Deswegen wird die Venus oft als Schwester der Erde bezeichnet. Die Forscher wissen aber inzwischen, dass die Venus ganz anders ist: Sie ist ein glühend heißer Planet, auf dem es kein Wasser und kein Leben gibt!

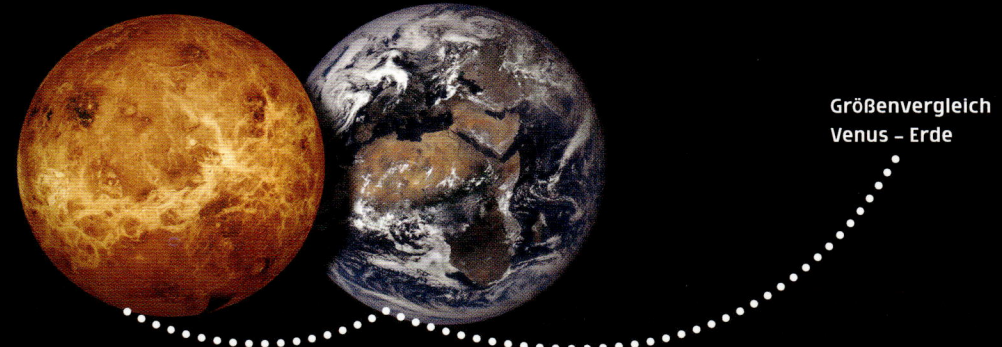

Größenvergleich Venus – Erde

DURCHMESSER:
12.100 Kilometer, fast genauso groß wie die Erde

MASSE:
etwas leichter als die Erde

ENTFERNUNG VON DER ERDE:
zwischen 40 und 260 Millionen Kilometer: ein ✈ braucht mindestens fünf Jahre dorthin, ein 🚀 mit Lichtgeschwindigkeit etwas mehr als zwei Minuten

UMLAUFGESCHWINDIGKEIT UM DIE SONNE:
126.000 Stundenkilometer

TEMPERATUR AN DER OBERFLÄCHE:
462 Grad

EINE VENUSDREHUNG:
acht Monate

EIN VENUSUMLAUF:
siebeneinhalb Monate

MONDE:
keiner

AKTUELLSTE RAUMSONDE:
Akatsuki (seit 2016), davor Venus Express (2006–2014)

ASTRONOMISCHES SYMBOL:
♀, es steht für den Handspiegel der römischen Göttin Venus

EINE DICHTE LUFTHÜLLE umgibt die Venus. Sie ist so drückend, dass ein Mensch darin zerquetscht würde! Atmen könnte man auch nicht, weil die Luft giftig ist und keinen Sauerstoff enthält. Sie besteht hauptsächlich aus Kohlendioxid, das auch in Autoabgasen vorkommt. Der ganze Planet ist von einer wolkenreichen, stürmischen Atmosphäre verhüllt. Aber statt Wasser regnet es aus den Wolken ätzende Säure. Die dichte Gashülle sorgt für eine enorme Hitze, in der ein Mensch sofort geröstet würde.

DER HEISSESTE PLANET ist die Venus. Und das, obwohl sie nur der zweitnächste Planet zur Sonne ist. Im Unterschied zu Merkur hat sie aber eine dichte Lufthülle, die die Sonnenhitze festhält. Man bezeichnet das als Treibhauseffekt. Die Höchsttemperatur beträgt 500 Grad. So heiß ist eine rot glühende Herdplatte! Einige Raumsonden haben es trotzdem geschafft, auf der Venus zu landen und Fotos zu schicken. Hitze und Druck waren aber so enorm, dass keine von ihnen länger als zwei Stunden funktioniert hat.

IMMER VON WOLKEN VERHÜLLT –
das ist die Venus. Weil man ihre Oberfläche nicht sehen kann, hat die amerikanische Raumsonde Magellan den Planeten über zwei Jahre lang mit Radarstrahlen abgetastet. Damit kann man Berge und Täler auch durch Wolken hindurch erkennen. Die Forscher haben auf diese Weise festgestellt, dass es auf der Venus viele Vulkane gibt. Der höchste Venusvulkan heißt Maat Mons. Er ist acht Kilometer hoch. Vielleicht sind einige Vulkane sogar heute noch aktiv.

der Vulkan Maat Mons

SANFT GEWELLTE EBENEN
gibt es viele auf der Venus. Auch kilometerlange erstarrte Lavaströme sind häufig. Zwei große Hochebenen heißen Aphrodite Terra und Ishtar Terra. Sie sind im Bild braun eingefärbt. „Terra" ist Lateinisch und bedeutet „Land". Auf Ishtar Terra links oben befinden sich die fast elf Kilometer hohen Maxwell-Berge. Einschlagkrater gibt es nur wenige. Viele Brocken aus dem Weltall verglühen in der dichten Lufthülle, bevor sie den Boden erreichen. Und ältere Krater wurden vermutlich mit Lava aufgefüllt.

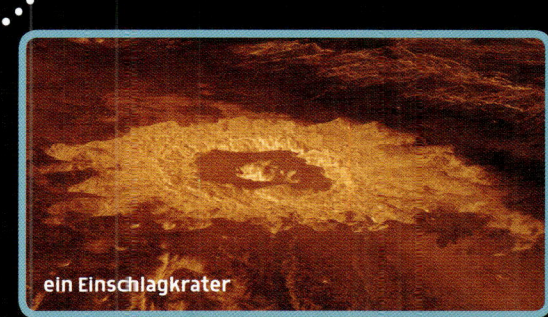

ein Einschlagkrater

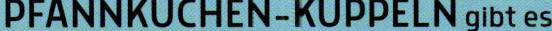

PFANNKUCHEN-KUPPELN
gibt es nur auf der Venus. Das sind runde Aufwölbungen aus Lava, die wahrscheinlich zähflüssig war und deshalb nicht weit geflossen ist. Die Kuppeln sind breit und flach und sehen wirklich aus wie Pfannkuchen. Es gibt auch andere besondere Landschaftsformen auf der Venus, zum Beispiel eingesunkene Becken mit ringförmigen Grabenwällen. Die Forscher nennen sie Coronae. Das ist Lateinisch und die Mehrzahl von „Krone". Vielleicht handelt es sich dabei um eingesunkene Vulkane.

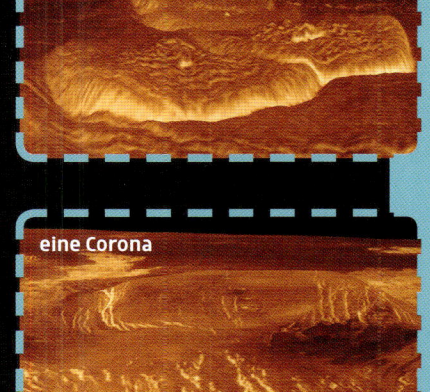

Pfannkuchen-Kuppeln

eine Corona

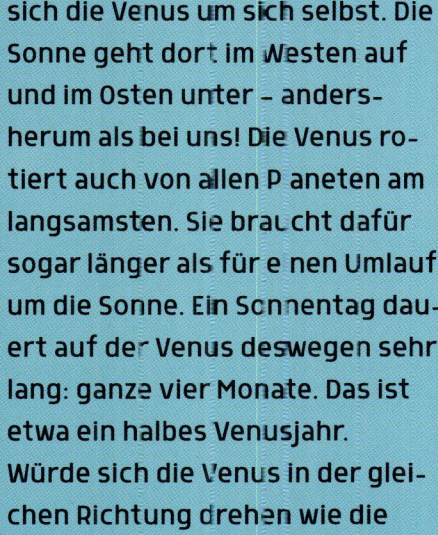

„VERKEHRT HERUM"
dreht sich die Venus um sich selbst. Die Sonne geht dort im Westen auf und im Osten unter – andersherum als bei uns! Die Venus rotiert auch von allen Planeten am langsamsten. Sie braucht dafür sogar länger als für einen Umlauf um die Sonne. Ein Sonnentag dauert auf der Venus deswegen sehr lang: ganze vier Monate. Das ist etwa ein halbes Venusjahr. Würde sich die Venus in der gleichen Richtung drehen wie die anderen Planeten, wäre ein Sonnentag sogar noch viel länger!

SONNE UND PLANETENSYSTEM
DIE ERDE

DIE ERDE

ist von der Sonne aus der dritte Planet. Sie ist der einzige bekannte Ort im Weltall, auf dem es Leben gibt! Auf der Erdoberfläche gibt es auch flüssiges Wasser. Auch das ist etwas ganz Besonderes. Das hat kein anderer Planet in unserem Sonnensystem! Umgeben ist die Erde von einer schmalen Luftschicht. Den Sauerstoff darin brauchen wir Menschen zum Atmen. Zusammen mit den Ozeanen aus Wasser sorgt die Lufthülle für lebensfreundliche Temperaturen auf unserem Planeten.

DURCHMESSER:
12.800 Kilometer

UMFANG:
40.000 Kilometer

KONTINENTE:
Europa, Asien, Afrika, Nordamerika, Südamerika, Australien, Antarktis

GROSSE MEERE:
Atlantischer, Pazifischer, Indischer, Arktischer Ozean

GRÖSSTE ENTFERNUNG AUF DER ERDE:
Von einer Seite auf die andere, rund 20.000 Kilometer, mit dem ✈ 22 Stunden, das Licht braucht sieben Hundertstel Sekunden – das ist ungefähr so lang wie ein Wimpernschlag!

UMLAUFGESCHWINDIGKEIT UM DIE SONNE:
107.000 Stundenkilometer

TEMPERATUR AN DER OBERFLÄCHE:
15 Grad (im Durchschnitt)

EINE ERDDREHUNG:
ein Tag

EIN ERDUMLAUF:
ein Jahr

MONDE:
einer

ASTRONOMISCHES SYMBOL:
♁, es steht für die Weltkugel mit einem aufgesetzten Kreuz

TAG UND NACHT wechseln sich stetig ab. Der Grund dafür ist, dass sich unsere Erde dreht. Die Seite der Erde, die zur Sonne zeigt, ist beleuchtet. Dort ist Tag. Auf der anderen Seite ist es dunkel. Dort ist Nacht. Durch die Drehung wird es an allen Orten immer wieder Tag und Nacht. Aber auch nachts ist es bei uns gar nicht mehr richtig dunkel. Die vielen künstlichen Lichter erhellen vor allem die großen Städte. Dort können wir den Sternenhimmel immer schlechter erkennen.

die Erde bei Nacht   die Erde bei Tag

DER BLAUE PLANET – so wird unsere Erde genannt. Ihre Oberfläche besteht zu zwei Dritteln aus Wasser. Zwischen den Meeren befinden sich die Kontinente mit vielfältigen Landschaften. Es gibt Berge, Täler, Wüsten, Seen, Flüsse und Wälder. Die Gesteinskruste der Erde besteht aus mehreren Platten. Sie verschieben sich gegeneinander um einige Zentimeter im Jahr. Dadurch kann es zu Erdbeben und Vulkanausbrüchen kommen. Durch Zusammenstöße der Platten können sich sogar ganze Gebirge auftürmen!

EBBE UND FLUT nennt man die Gezeiten. Sie werden durch den Mond verursacht. Seine Schwerkraft bewegt die Wassermassen auf der Erde hin und her. Dort, wo der Mond steht, sammelt sich das Wasser. Dort ist ein Flutberg. Genau an der gegenüberliegenden Seite der Erde aber ebenso! Das Wasser wird hier durch die Drehung der Erde nach außen gedrückt – ähnlich wie bei einem Kettenkarussell. Zusätzlich spielt die Schwerkraft der Sonne eine Rolle: Sie kann Fluten verstärken oder abschwächen. Das nennt man dann Springflut oder Nippflut.

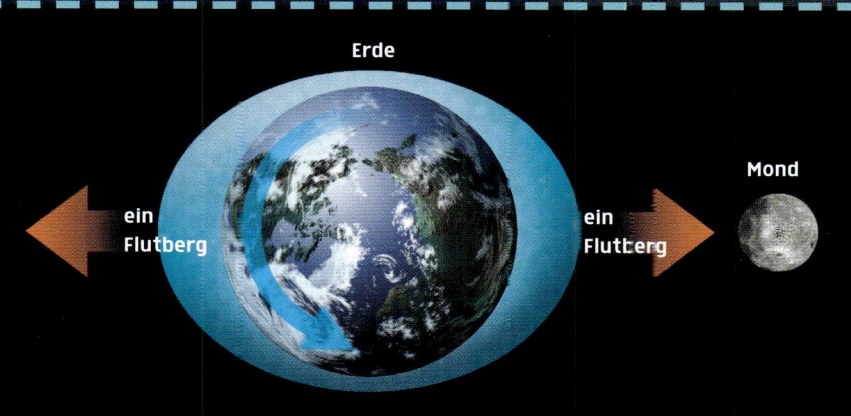

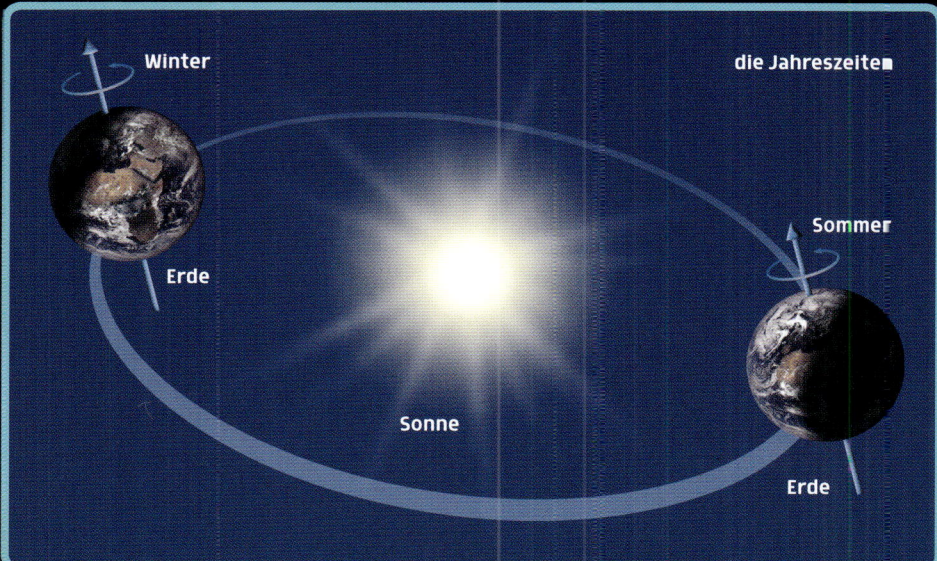

DIE LUFTHÜLLE der Erde setzt sich aus mehreren Schichten zusammen. Die unterste Schicht heißt Troposphäre. Darin spielt sich unser Wetter ab mit Wind, Wolken, Regen und Gewittern. Verursacht wird es durch die Einstrahlung der Sonne. Auf der Erde haben wir auch unterschiedliche Jahreszeiten. Das legt daran, dass die Erde leicht geneigt ist. Wenn bei uns Sommer ist, ist die Nordhalbkugel der Erde zur Sonne gekippt. Im Winter ist sie von der Sonne weggekippt. Dann ist Sommer auf der Südhalbkugel.

DAS LEBEN in Form von Pflanzen, Tieren und Menschen konnte sich in unserem Sonnensystem nur auf der Erde entwickeln! Unser Planet hat genau die richtige Entfernung von der Sonne, damit es flüssiges Wasser geben kann. Er erhält ausreichend Licht und Wärme. Die Lufthülle dient zum Atmen. Sie bietet zusammen mit dem Erdmagnetfeld auch Schutz vor schädlicher Strahlung und kleineren Meteoriten. Zudem sorgt der Mond mit seiner Schwerkraft dafür, dass die Erde im Weltraum stabil ausgerichtet bleibt. So ändern sich die Temperaturen nicht zu stark.

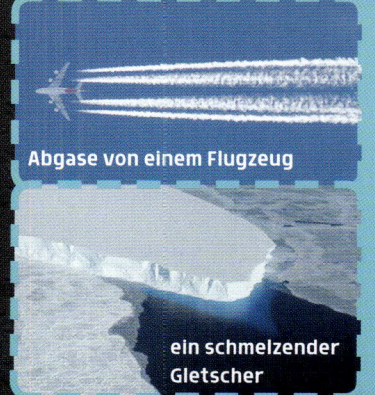

Abgase von einem Flugzeug

ein schmelzender Gletscher

STARKE UNWETTER und Hitzerekorde gab es in den letzten Jahren immer wieder. Das könnte ein Hinweis darauf sein, dass sich unser Klima ändert. Vielleicht sind wir Menschen sogar selbst schuld: Durch Abgase von Autos, Schiffen und Flugzeugen zum Beispiel gelangen immer mehr schädliche Stoffe wie Kohlendioxid in unsere Lufthülle. Dieses Gas verstärkt den Treibhauseffekt, und so wird es immer wärmer. Gletscher schmelzen, der Meeresspiegel steigt und extreme Wetterlagen nehmen zu. Besser wäre es, wenn wir mehr zu Fuß gehen oder mit der Bahn fahren würden.

SONNE UND PLANETENSYSTEM

INTERNATIONALE RAUMSTATION

GRÖSSE DER RAUMSTATION:
Die „Flügel" mit den Sonnenkollektoren haben eine Spannweite von 110 Metern, der „Körper" in der Mitte ist 80 Meter lang. Die ganze ISS ist ungefähr so groß wie ein Fußballfeld.

HÖHE ÜBER DER ERDE:
400 Kilometer

UMLAUFZEIT UM DIE ERDE:
eineinhalb Stunden

ABKÜRZUNG:
ISS, für „International Space Station"

DIE INTERNATIONALE RAUMSTATION

kreist in 400 Kilometern Höhe um die Erde. An Bord befinden sich meist drei bis sechs Astronauten. Sie kommen aus den USA, Russland, Europa, Japan oder Kanada und bleiben für mehrere Monate. Dort oben ist alles schwerelos. Gegenstände schweben durch die Gegend, wenn man sie nicht befestigt. Die Astronauten machen viele Experimente. Sie sorgen auch dafür, dass auf der Station alles funktioniert. Der Deutsche Alexander Gerst war schon zweimal da und hat viel von dort getwittert.

SCHWERELOS sind auch die Astronauten auf der ISS. Das ist aber nicht so, weil dort die Schwerkraft der Erde nicht mehr wirkt. Sie ist nur wenig kleiner als auf der Erde selbst. Der Grund ist vielmehr, dass die Station mit 28.000 Stundenkilometern um die Erde rast. Wie bei einem Kettenkarussell wird die Raumstation dadurch nach außen gedrückt. Und zwar genauso stark, wie die Schwerkraft der Erde sie nach unten zieht. Die Schwerkraft wird also ausgeglichen – man merkt sie nicht mehr und ist schwerelos. Die rasante Geschwindigkeit braucht die ISS, um nicht abzustürzen.

DIE EXPERIMENTE auf der ISS sind sehr spannend, weil alles schwebt. Es gibt deswegen auch kein „oben" und „unten". Boden und Decke sind gleich. Die Astronauten untersuchen zum Beispiel, wie Pflanzen im Weltraum wachsen. Vielleicht können zukünftige Astronauten ja ihr eigenes Obst und Gemüse anbauen. Es werden auch neue Medikamente und Werkstoffe entwickelt. Auch die Erde wird beobachtet. Selbst die Astronauten sind Versuchspersonen: Wie wirkt sich die Schwerelosigkeit auf sie aus? Fest steht, dass sie viel Sport treiben müssen, damit ihre Muskeln erhalten bleiben.

der Deutsche Alexander Gerst

DAS LEBEN AUF DER ISS ist anders als auf der Erde. Man kann zum Beispiel nicht duschen. Das Wasser würde in Blasen durch den Raum wabern. Die Astronauten reiben sich daher mit feuchten Tüchern ab. Gegessen wird aus Tüten und Dosen. Getränke schlürfen sie mit einem Strohhalm aus geschlossenen Gefäßen. Auf der Toilette müssen sich die Astronauten anschnallen. Dort wird alles abgesaugt. Und wenn die Astronauten schlafen wollen, steigen sie in einen Schlafsack, der an einer Wand befestigt ist.

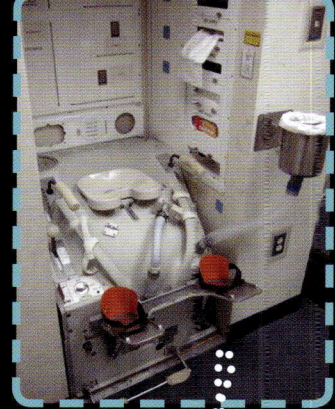
die Toilette

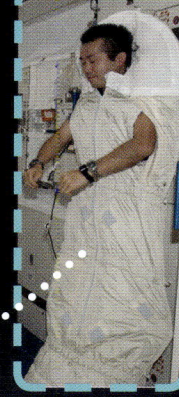
ein Astronaut im Schlafsack

Astronauten beim Essen

WELTRAUMSPAZIERGANG sagt man häufig dazu, wenn Astronauten in den Weltraum aussteigen, um etwas zu reparieren oder neu anzubringen. In Wirklichkeit ist das sehr anstrengend. Die Astronauten müssen dann einen Raumanzug tragen. Er schützt sie vor Strahlung und extremer Hitze oder Kälte. Sie können darin atmen und per Funk miteinander sprechen. Mit einer Leine haken sie sich an der ISS fest, damit sie nicht wegschweben. Einiges ging aber schon verloren: Werkzeug zum Beispiel. Es kreist jetzt als Müll um die Erde.

START UND LANDUNG bei einer Reise ins Weltall sind nichts für Ängstliche. Beim Start sitzen die Astronauten in einer engen Raumkapsel im oberen Bereich der Rakete. Während die Rakete nach oben schießt, werden sie gewaltig in ihre Sitze gedrückt. Alles dröhnt und wackelt. Bei der Landung sausen sie mit der kleinen Kapsel durch die Lufthülle der Erde wieder nach unten. Die Kapsel wird durch den Luftwiderstand so heiß, dass Flammen ans Fenster schlagen. Wieder kleben die Astronauten in ihren Sitzen. Ein Fallschirm öffnet sich und Bremsraketen werden gezündet. Am Ende schlagen sie unsanft, aber meist wohlbehalten auf dem Boden auf.

Astronauten in der Raumkapsel

der Start

die Landung

WELTRAUMTOURISTEN gab es auch schon auf der ISS. Sieben Leute sind bisher nur aus Spaß dorthin gereist. Sie waren eine Woche dort und haben die Aussicht auf die Erde genossen. Allerdings mussten sie sich gut vorbereiten. Ohne monatelanges Training darf niemand mitreisen. Als Weltraumtourist braucht man auch eine Menge Geld: Dieser Spaß kostet ungefähr 20 Millionen Euro. Wahrscheinlich ist das die teuerste Reise der Welt. Vielleicht werden solche Reisen aber bald billiger. Jedenfalls gibt es schon Pläne für ganze Hotels im Weltraum!

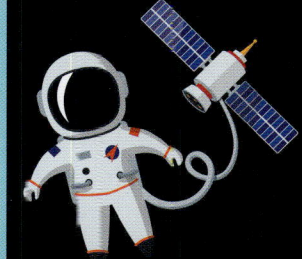

SONNE UND PLANETENSYSTEM
RAUMFAHRT

TAUSENDE SATELLITEN
kreisen im Weltraum zusammen mit der Internationalen Raumstation ISS um die Erde. Die Erdschwerkraft verhindert, dass sie einfach davonschweben. Raumsonden verlassen die Erde hingegen vollständig. Sie fliegen zu anderen Planeten, Monden oder kleineren Brocken in unserem Sonnensystem, um sie zu erforschen. Oft sind sie Monate oder Jahre dorthin unterwegs.

ANZAHL DER SATELLITEN:
mehr als 1.500 aktive, insgesamt (mit den alten und nicht mehr funktionierenden) mehrere 1.000

GRÖSSE DER SATELLITEN:
von zentimetergroßen Würfeln bis zur Größe von Bussen; noch viel größer ist die Internationale Raumstation ISS

ENTFERNUNG VON DER ERDE:
zwischen 200 und 36.000 Kilometern, einige sind noch weiter weg

MIT EINER RAKETE
gelangen Satelliten oder Raumsonden von der Erde ins Weltall. Sie sitzen direkt unter der Raketenspitze. Die Rakete verbrennt Treibstoff. Dabei strömt heißes Gas aus. Dadurch saust sie nach oben wie eine Silvesterrakete. Die Rakete muss mindestens 28.000 Stundenkilometer schnell werden. Sonst schafft sie es nicht, gegen die Schwerkraft anzukommen und den Weltraum zu erreichen. Sie würde wieder auf die Erde zurückfallen. Die modernste Rakete aus Europa heißt Ariane 5.

SATELLITEN
übertragen zum Beispiel Fernsehprogramme oder Telefongespräche. Einige senden Daten für Navis. Auch Forscher oder das Militär setzen Satelliten ein, um die Erde oder den Weltraum zu beobachten. Viele Fernsehsatelliten kreisen weit entfernt in 36.000 Kilometern Höhe. Dort beträgt ihre Umlaufzeit um die Erde genau einen Tag. Daher schweben sie immer über demselben Ort. So können wir unsere Satellitenschüsseln an den Häusern auf einen festen Punkt am Himmel ausrichten. Man nennt solche Satelliten geostationär.

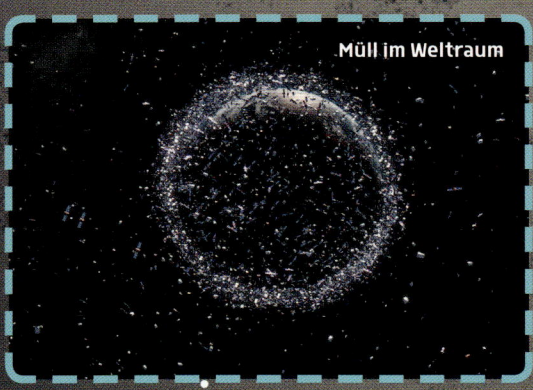

Müll im Weltraum

EINE GEFAHR
für Satelliten ist der viele Müll im Weltraum. Er besteht zum Beispiel aus Resten von alten Raketen und nicht mehr funktionierenden Satelliten. Bei einem Zusammenstoß kann ein aktiver Satellit beschädigt oder zerstört werden. Gefährlich wird es auch, wenn unsere Sonne große Wolken elektrisch geladener Gasteilchen auswirft. Ein solcher Sonnensturm kann elektronische Bauteile zerstören und Satelliten lahmlegen. Die Forscher überwachen den Weltraumschrott und die Sonne deshalb sehr genau.

ein Sonnensturm

RAUMSONDEN müssen noch stärker als Satelliten beschleunigt werden, damit sie die Schwerkraft der Erde vollständig überwinden können. Sie sind mit Computern, Kameras und vielen anderen Geräten ausgerüstet. Damit machen sie Fotos und Messungen von anderen Himmelskörpern und schicken sie zur Erde. Manche Sonden landen sogar dort. Mehr als hundert Raumsonden haben unser Sonnensystem schon erkundet.

die Raumsonde New Horizons bei Jupiter

MIT EINEM TRICK können Raumsonden im Weltall auch ohne Treibstoff beschleunigt werden. Dazu steuern die Forscher eine Sonde dicht an einem Planeten vorbei. Sie bekommt dann durch die Schwerkraft des Planeten neuen Schwung. Der Planet wird dabei ein winziges bisschen abgebremst. Man nennt so etwas einen Swing-By. Die Raumsonde New Horizons konnte ihre Reise zum fernen Pluto durch einen Swing-By an Jupiter um ganze drei Jahre verkürzen!

DER ERSTE SATELLIT hieß Sputnik. Er wurde 1957 von Russland ins Weltall geschossen. Das internationale Weltraumteleskop Hubble kreist seit fast 30 Jahren um die Erde. Außerhalb unserer Lufthülle macht es gestochen scharfe Bilder vom All. Die amerikanischen Raumsonden Voyager 1 und 2 wurden 1977 gestartet. Voyager 2 hat als einzige Sonde alle vier großen Gasplaneten besucht. Und Voyager 1 hält inzwischen den Entfernungsrekord: Ihre Funksignale brauchen 20 Stunden bis zur Erde.

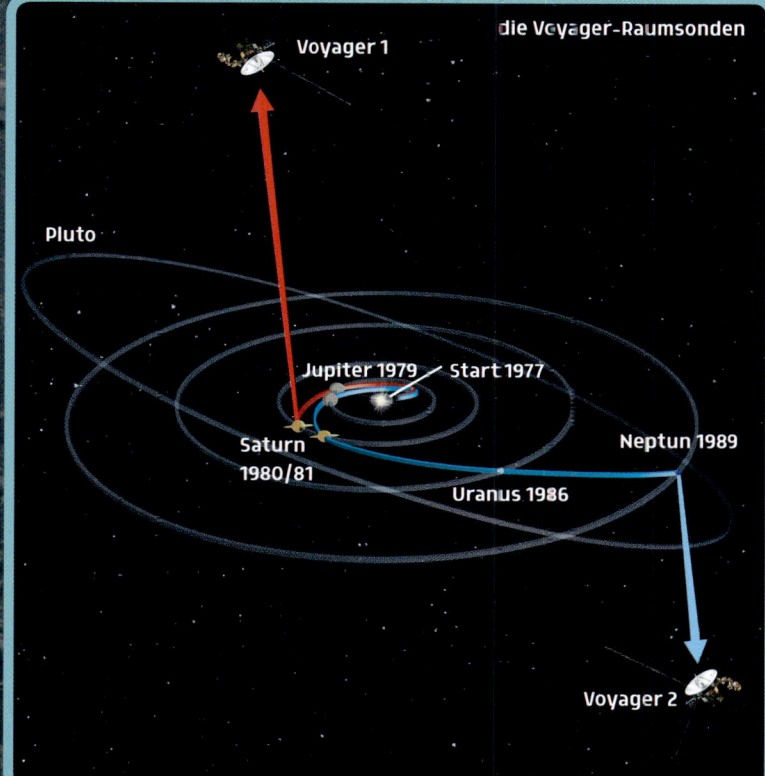
die Voyager-Raumsonden

der erste Satellit Sputnik

das Weltraumteleskop Hubble

ein Hubble-Bild aus dem All

SONNE UND PLANETENSYSTEM
DER MOND

DURCHMESSER:
3.500 Kilometer, fast viermal kleiner als die Erde, fünftgrößter Mond im Sonnensystem

MASSE:
80-mal leichter als die Erde

ENTFERNUNG VON DER ERDE:
zwischen 356.000 und 407.000 Kilometer: ein ✈ braucht mindestens 17 Tage dorthin, ein ☄ mit Lichtgeschwindigkeit etwas länger als eine Sekunde

UMLAUFGESCHWINDIGKEIT UM DIE ERDE:
3.680 Stundenkilometer

TEMPERATUR AN DER OBERFLÄCHE:
zwischen 120 Grad und minus 170 Grad

EINE MONDDREHUNG:
fast ein Monat

EIN MONDUMLAUF:
fast ein Monat

AKTUELLSTE RAUMSONDE:
Longjiang 2 (seit 2018), davor zahlreiche andere Raumsonden, zwei davon sind noch aktiv

ASTRONOMISCHES SYMBOL:
☾, es steht für die Mondsichel

DER MOND kreist als natürlicher Begleiter um unsere Erde. Im Laufe eines Jahres wandert er gemeinsam mit der Erde um die Sonne. Für einen Mond ist er sehr groß, er hat ein Viertel der Erdgröße. Die meisten Monde sind viel kleiner im Vergleich zu ihren Mutterplaneten! Deswegen bezeichnen die Forscher Erde und Mond manchmal als Doppelplaneten. Der Mond steht uns sehr nahe, viel näher als der nächste Planet. Daher kann man auf seiner Oberfläche schon mit bloßem Auge helle und dunkle Gebiete erkennen.

Größenvergleich Mond – Erde

FÜR EINEN UMLAUF um die Erde braucht der Mond ungefähr einen Monat. Dabei dreht er sich auch genau einmal um sich selbst. Deswegen wendet uns der Mond immer die gleiche Seite zu. Seine Rückseite können wir von der Erde aus niemals sehen! Sie wurde erst durch Raumsonden erkundet. Während der Mond um die Erde läuft, ändert er seine Stellung zur Sonne. Es ist daher immer ein anderer Teil von ihm beleuchtet. Deswegen ist manchmal Vollmond und manchmal Halbmond. Man bezeichnet das als Mondphasen. Sie werden auf der Seite 120 genauer erklärt.

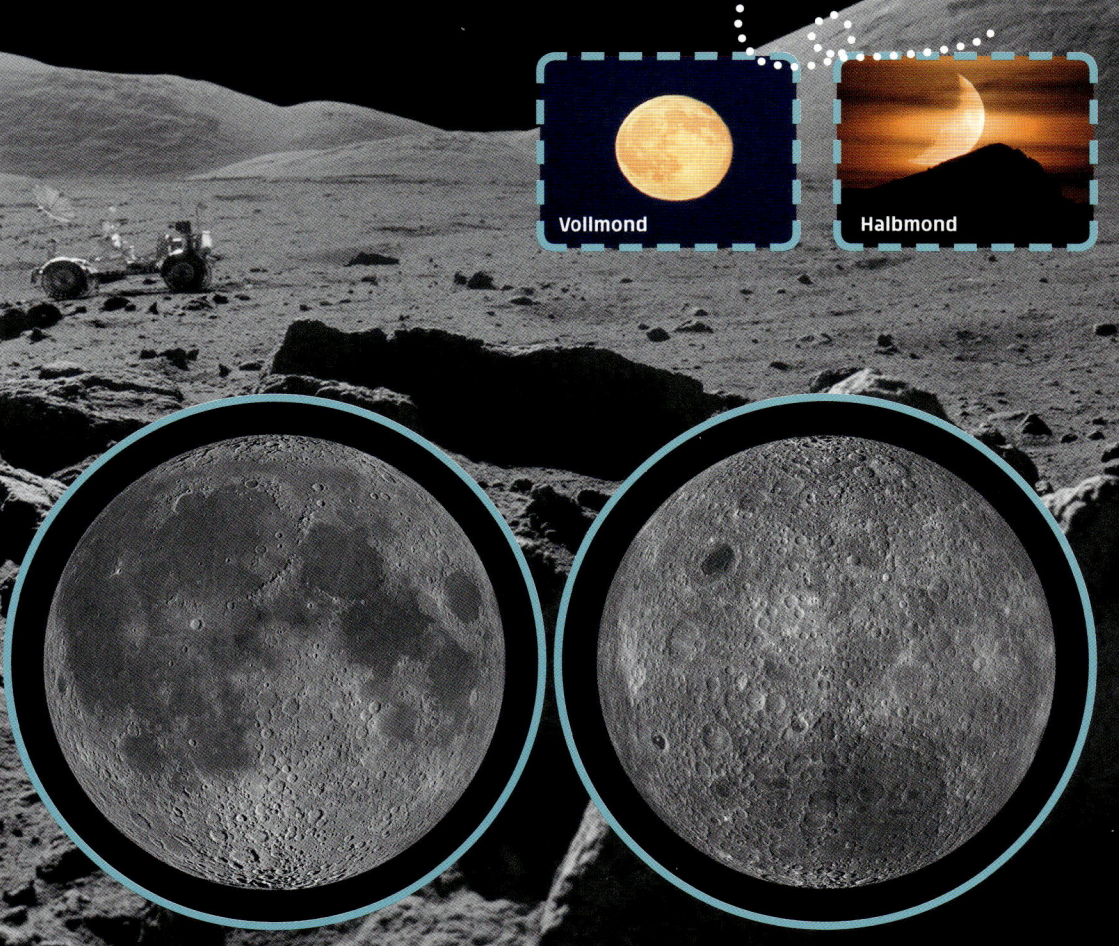

Vollmond

Halbmond

die Vorderseite des Mondes

die Rückseite des Mondes

GROSSE, DUNKLE FLECKEN sind auf der Mondoberfläche leicht zu erkennen. Man nennt sie Mondmeere. Früher dachten die Himmelsbeobachter, sie seien voller Wasser. Inzwischen weiß man, dass sie mit dunkler, kalter Lava gefüllt sind. Die Meere sind durch gewaltige Meteoriteneinschläge entstanden. Sie haben lustige Namen wie Meer der Heiterkeit, Regenmeer oder Meer der Ruhe. Ihre Durchmesser betragen einige hundert Kilometer. Auf der Mondrückseite gibt es übrigens fast keine Mondmeere.

EINSCHLAGKRATER findet man auf dem Mond überall. Besonders viele gibt es in den Gebieten zwischen den Mondmeeren. Von einigen Kratern gehen Strahlen aus. Das ist Gestein, das bei den Einschlägen ausgeworfen wurde. Der schönste Strahlenkrater heißt Tycho.

Er ist 85 Kilometer groß und seine Strahlen reichen 1.800 Kilometer weit. Auf dem Mond gibt es auch Gebirge, Täler, Gräben und Rillen. Die größten Berge sind zehn Kilometer hoch. Das ist höher als der Mount Everest, der höchste Berg der Erde!

der Krater Tycho
Strahlen um den Krater Tycho

ein Mondgebirge

Mondkrater

NICHTS IST LOS auf dem Mond. Er hat keine Lufthülle wie die Erde. Deswegen gibt es auch keinen Wind und kein Wasser. Es würde in den Weltraum entweichen. Die Mondkrater werden daher praktisch nicht verändert. Es gibt auch keine Vulkanausbrüche mehr, die sie mit frischer Lava füllen könnten. Bis auf Einschläge von winzigen Meteoriten geschieht nichts. Die Krater bleiben deswegen so, wie sie einmal waren. Für die Forscher ist das sehr spannend: So können sie untersuchen, was vor vielen Millionen Jahren geschah!

die Mondoberfläche

GANZ ANDERS als bei uns ist es auf dem Mond. Weil es keine Luft gibt, ist der Himmel tagsüber nicht blau, sondern schwarz. Die Sonne ist gleißend hell und es wird bis zu 120 Grad heiß. In der Nacht kann die Temperatur auf eisige minus 170 Grad absinken. Es gibt keine Geräusche und niemals weht auch nur ein Lüftchen. Es ist extrem trocken. Auf dem Boden liegt eine dicke, graue Pulverschicht. Sie heißt Regolith. Das ist Mondgestein, das durch viele kleine Meteoriteneinschläge zermahlen wurde.

EINE KATASTROPHE hat uns unseren Mond beschert! Vor ungefähr viereinhalb Milliarden Jahren ist er bei einem gewaltigen Zusammenstoß entstanden. Vorher gab es ihn noch nicht. Damals traf ein Körper, der ungefähr halb so groß wie die Erde selbst war, die noch junge Erde. Die Forscher nennen den Körper Theia. Theia ist mit der Erde verschmolzen. Dabei wurden Trümmer von ihr und der Erde in den Weltraum geschleudert. Aus diesen Trümmern bildete sich nach und nach unser Mond.

SONNE UND PLANETENSYSTEM

LANDUNG AUF DEM MOND

BEMANNTE LANDUNGEN AUF DEM MOND:
sechs

MENSCHEN AUF DEM MOND:
zwölf

ZEITRAUM DER LANDUNGEN:
1969 bis 1972

REISEZEIT ZUM MOND:
vier bis fünf Tage vom Start bis zur Landung auf dem Mond

AUFENTHALT AUF DEM MOND:
ein bis drei Tage

KOSTEN DER SECHS MONDLANDUNGEN:
rund 110 Milliarden Euro

MENSCHEN, DIE AN DEN MONDFLÜGEN MITGEARBEITET HABEN:
400.000

DER MOND ist der einzige Ort im Weltraum, den wir Menschen bisher betreten haben. Am 20. Juli 1969 landeten die ersten Astronauten dort. Das war vor 50 Jahren. Die Mission hieß Apollo 11. Rund 500.000 Zuschauer konnten das Ereignis live im Fernsehen verfolgen. Zuvor hatten sich Russen und Amerikaner ein großes Wettrennen geliefert. Beide wollten als Erste Menschen auf den Mond schicken. Gewonnen haben schließlich die Amerikaner. Sie waren bisher als einzige Nation auf dem Mond und haben dort auch die amerikanische Fahne aufgestellt.

DIE ERSTE MONDLANDUNG war sehr spannend. Drei Tage lang waren die Astronauten Neil Armstrong, Buzz Aldrin und Michael Collins zum Mond unterwegs. Dann stiegen Armstrong und Aldrin in eine Landefähre um. Collins blieb an Bord des Raumschiffs und umkreiste den Mond. Eigentlich sollte die Landefähre automatisch landen. Im Landegebiet lagen aber viele große Felsbrocken herum. Das war zu gefährlich. Also steuerte Armstrong die Fähre per Hand. Schließlich landeten sie sicher in einem ebenen Gebiet im „Meer der Ruhe".

Landefähre im Anflug auf den Mond

der Landeplatz von Apollo 11

ALS ERSTER MENSCH setzte Neil Armstrong seinen Fuß auf den Mond. Er war der Chef der Apollo-11-Mission. Bevor er Astronaut wurde, war er Pilot. Es war Zufall, dass er auf den Mond fliegen durfte. Er wurde erst ausgewählt, nachdem ein anderes Apollo-Team ausgeschieden war. Als er den Mond betrat, sagte er einen Satz, der weltberühmt wurde: „Dies ist ein kleiner Schritt für einen Menschen, aber ein großer Sprung für die Menschheit." Damit meinte er, dass etwas Großes erreicht wurde: Zum ersten Mal hatten Astronauten einen anderen Himmelskörper betreten.

SONNE UND PLANETENSYSTEM
ASTRONAUTEN

ASTRONAUTEN
können mit einer Rakete starten, schwerelos im All schweben und unseren blauen Planeten von außen bestaunen. Vielleicht laufen sie in einigen Jahren wieder auf dem Mond oder sogar dem Mars herum. Das wäre aufregend, oder? Aber wie wird man eigentlich Astronaut? Am besten schaust du dazu auf die Webseite der ESA. Das ist die Abkürzung für „European Space Agency". Die ESA ist in Europa für Raumfahrt zuständig. Ab und zu werden dort neue Astronauten gesucht.

ALTER:
zwischen 30 und 40 Jahre

GRÖSSE:
zwischen 1,55 und 1,90 Meter

GESUNDHEIT:
extrem gut

FITNESS:
sehr gut

BERUF:
Ingenieur(in), Naturwissen-schaftler(in), Arzt/Ärztin, Pilot(in)

BEGEISTERT von Weltraum und Technik – das müssen Astronauten sein. Ingenieure, Physiker, Chemiker, Biologen oder Ärzte haben die besten Chancen. Sie können die wichtigen Experimente betreuen. Auch Piloten werden gern genommen. Astronauten müssen außerdem kerngesund, fit, neugierig und mutig sein. Lange Zeit müssen sie mit wenigen Leuten und wenig Platz auskommen können. Die anderen Astronauten stammen meist aus fremden Ländern. Deswegen müssen Astronauten auch tolerant sein und andere Sprachen lernen.

Astronauten führen Experimente durch.

ein Team aus verschiedenen Ländern

ENGLISCH – das müssen Astronauten besonders gut können. Das wird bei der ESA und bei der amerikanischen NASA gesprochen. Astronauten aus verschiedenen Ländern sprechen auch meist Englisch miteinander. Die Rakete und das Raumschiff Sojus, das Menschen zur ISS bringt, kommen aus Russland. Auch der Start ist in der Nähe von Russland. Deswegen müssen Astronauten heute auch Russisch lernen. Vielleicht fliegen sie in einigen Jahren mit chinesischen Raketen. Dann müssen sie Chinesisch lernen.

AUF DEM MOND mussten die Astronauten Raumanzüge tragen, weil es dort keine Lufthülle gibt. Die Anzüge waren sehr schwer. Trotzdem konnten sie damit springen, weil der Mond eine viel geringere Schwerkraft hat als die Erde. Mit ihren Stiefeln haben die Astronauten viele Fußabdrücke hinterlassen. Sie werden noch in Millionen von Jahren zu sehen sein, da sich auf dem Mond so gut wie nichts verändert. Astronauten, die später dort landeten, hatten sogar spezielle Mondautos dabei. Sie stehen heute immer noch auf dem Mond.

die amerikanische Fahne

Sprünge auf dem Mond

ein Fußabdruck auf dem Mond

EIN RAUMANZUG ist wie ein kleines Raumschiff. Damit können die Astronauten im Weltraum überleben. Er schützt vor Strahlung und kleinen Meteoriten. Der Anzug übt auch einen Druck auf den Körper aus, ähnlich wie die Lufthülle der Erde. Ein Rucksack enthält Sauerstoff zum Atmen, Wasser, Batterien und ein Funkgerät. Das Wasser wird zur Kühlung durch den Anzug gepumpt, damit die Astronauten nicht schwitzen. Das Sichtfenster im Helm ist mit Gold überzogen. So wird das grelle Sonnenlicht abgeschirmt. Das alles ist extrem teuer: Ein Raumanzug kostet mehrere Millionen Euro!

EXPERIMENTE wurden auf dem Mond auch gemacht. Einmal ließ ein Astronaut einen Hammer und eine Feder gleichzeitig auf den Mondboden fallen. Beide kamen zur gleichen Zeit unten an. Im Vakuum – also ohne Lufthülle – fallen nämlich alle Gegenstände gleich schnell. Egal, wie leicht oder schwer sie sind. Auf der Erde ist das anders: Die Lufthülle bremst verschiedene Gegenstände unterschiedlich stark ab. Eine Feder segelt hier langsam zu Boden, während ein Hammer schnell nach unten saust.

MONDSTEINE haben die Astronauten viele eingesammelt und mitgebracht. Forscher haben sie später auf der Erde untersucht. Die ältesten Steine sind viereinhalb Milliarden Jahre alt. Sie stammen aus der Entstehungszeit von Erde und Mond. Die Astronauten haben auf dem Mond auch Reflektoren aufgestellt. Sie funktionieren wie ein Spiegel. Mit einem Laserstrahl können die Forscher Licht dorthin schicken. Sie messen dann, wie lange das Licht braucht, bis es wieder auf der Erde ankommt. Damit können sie die Entfernung des Mondes genau bestimmen.

Spiegel-Reflektor auf dem Mond

Ein Astronaut sammelt Mondsteine.

DIE ERDE erscheint vom Mond aus groß und wunderschön. Ihr Anblick verändert sich mit der Zeit. Sie zeigt Phasen wie bei uns der Mond. Bei „Vollerde" ist sie voll und ganz beleuchtet. Bei „Halberde" ist nur eine Hälfte zu sehen. Für einen Beobachter auf dem Mond steht sie immer an der gleichen Stelle. Sie geht auch nicht auf oder unter. Das liegt daran, dass der Mond immer genau mit der gleichen Seite zur Erde zeigt. Von der Mondrückseite aus kann man die Erde nicht sehen.

DER RÜCKFLUG nach der ersten Mondlandung war noch einmal aufregend. In der Mondfähre stellten die Astronauten fest, dass ein wichtiger Hebel für den Start fehlte. Wahrscheinlich war er beim Ausstieg abgebrochen. Die Astronauten mussten sich etwas einfallen lassen. Schließlich gelang es, den Schalter mit einem Filzstift zu drücken. Zurück auf der Erde mussten sie erst einmal drei Wochen in einem Container verbringen. Man wollte sichergehen, dass sie keine Krankheiten vom Mond mitbrachten.

ein Mondauto

AUF DER MONDRÜCKSEITE ist zum ersten Mal Anfang 2019 eine Forschungssonde gelandet. Sie stammt aus China und heißt Chang'e 4. Eine Landung auf der abgewandten Mondseite ist besonders schwierig. Man hat von dort keinen direkten Funkkontakt zur Erde. Die Sonde muss deshalb über einen Satelliten gesteuert werden. Chang'e 4 soll unter anderem untersuchen, ob man auf dem Mond in einem Gefäß Gemüse anbauen kann. Das könnte für zukünftige Astronauten wichtig sein. Mit an Bord war auch ein Roboterfahrzeug, das jetzt auf dem Mond herumfährt.

NEUE MONDFLÜGE mit Astronauten an Bord wird es in Zukunft vielleicht wieder geben. Es gibt schon viele Pläne! Die Kosten sind allerdings sehr hoch. Deswegen sollen auch Firmen mitarbeiten. Man könnte zum Beispiel eine astronomische Forschungsstation auf dem Mond errichten. Dort stören keine Lufthülle, kein Funkverkehr und kein Licht. Ausrüstung und Technik für Flüge zum Mars lassen sich auf dem Mond ebenfalls gut testen. Auch die Astronauten könnten dort für Marsflüge trainieren. Eine neue Internationale Raumstation in der Nähe des Mondes soll als Forschungslabor und Startpunkt zum Mond und zum Mars dienen.

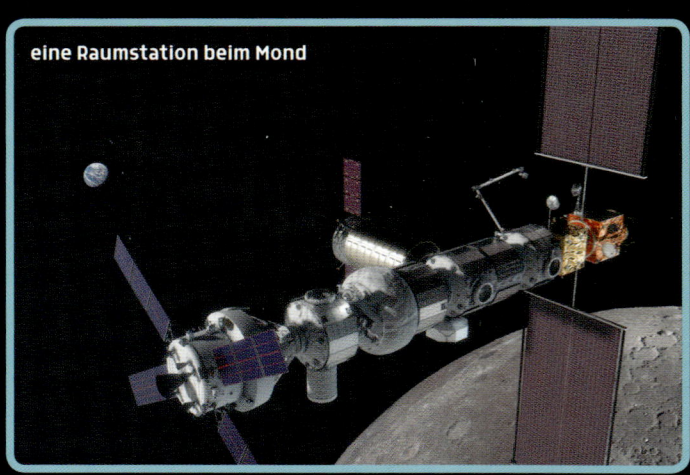

eine Raumstation beim Mond

EINE SIEDLUNG auf dem Mond – auch dazu gibt es schon Pläne. Menschen könnten darin leben und arbeiten. Vielleicht müssten sie in unterirdischen Containern wohnen, damit sie vor der gefährlichen Strahlung, vor Meteoriten und vor extremer Hitze oder Kälte geschützt sind. Die Mondbewohner könnten wertvolles Gas und Metalle aus dem Mondboden gewinnen, die auf der Erde sehr selten sind. Die Stoffe könnten dann auf dem Mond verarbeitet werden oder zur Erde oder einer Raumstation transportiert werden.

dunkle Krater am Südpol des Mondes

WASSER ist auf dem Mond in der Nähe des Nord- oder Südpols zu finden. Dort gibt es tiefe Krater, in denen Eis liegt. Sonnenlicht gelangt niemals dorthin. Aus dem Eis könnten Astronauten Wasser zum Trinken und Sauerstoff zum Atmen gewinnen. Ihre Mondstation könnten sie auch hier errichten. Am besten auf einem hohen Kraterrand oder Berg. Diese werden in der Nähe der Pole fast immer von der tief stehenden Sonne angeleuchtet. Mit dem Licht könnten die Astronauten ständig Strom erzeugen. Das ist an anderen Orten auf dem Mond nicht so: Dort folgen auf zwei Wochen Sonnenschein zwei Wochen Dunkelheit.

MEHRERE TAUSEND LEUTE bewerben sich immer auf eine Stelle als Astronaut. Sie müssen sehr gut rechnen können, schnell reagieren, viel über Technik wissen, gut in Sprachen sein und großen Stress aushalten. Nach vielen schwierigen Tests bleiben nur sechs Bewerber übrig. Sie dürfen für ein paar Jahre ins Europäische Astronautenzentrum nach Köln. Oft reisen sie auch in die USA und nach Russland zum Training. Danach können sie zum Beispiel ein Raumschiff steuern, einen Raumanzug anziehen, Feuer löschen und Wunden nähen.

ein Astronaut im Tauchbecken

Anziehen eines Raumanzugs

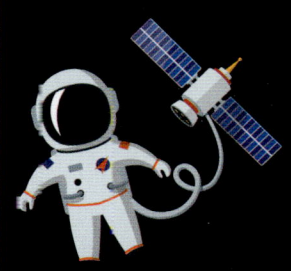

FALLSCHIRMSPRINGEN und Fliegen sind gute Hobbys für Astronauten, Klettern und Tauchen auch. Unter Wasser üben die Astronauten nämlich, sich in der Schwerelosigkeit zu bewegen. Und in einer Raumstation müssen sie sich immer festhalten, vor allem wenn sie in den Weltraum aussteigen – fast wie beim Klettern. Die Raumfahrer müssen sehr sportlich sein. Im All müssen sie viel trainieren, damit sich ihre Muskeln und Knochen nicht so stark abbauen, dass sie auf der Erde nicht mehr laufen können. Durch die Schwerelosigkeit werden sie nämlich zu wenig belastet.

FÜR EINE REISE ZUR ISS werden weltweit schließlich drei Astronauten ausgewählt. Das Team trainiert noch einmal zwei Jahre lang zusammen. Dabei lernen sich die Astronauten sehr gut kennen. Geübt werden alle Phasen des Flugs und jede Menge Notfälle. Jeder Handgriff muss sitzen und die Astronauten müssen alles über ihre Experimente wissen. Sie lernen aber auch, wie man Fernsehinterviews gibt und wie man nach der Landung zur Not ein paar Tage im Schnee überlebt.

im Schnee

Astronauten vor einem russischen Scjus-Raumschiff

SONNE UND PLANETENSYSTEM

MARS

DER MARS ist unser äußerer Nachbarplanet. Wegen seiner rötlichen Farbe, die die Himmelsbeobachter in früheren Zeiten an Blut erinnerte, trägt er den Namen des römischen Kriegsgottes. Seine Umlaufbahn um die Sonne ist ziemlich eiförmig. Deswegen kommt er der Erde manchmal recht nahe, zu anderen Zeiten ist er weit weg. Mars ist nur ungefähr halb so groß wie die Erde und nach Merkur der zweitkleinste Planet. Wasser und Pflanzen, Tiere oder Menschen gibt es dort nicht.

Größenvergleich Mars – Erde

DURCHMESSER:
6.800 Kilometer, etwa halb so groß wie die Erde und fast doppelt so groß wie der Mond

MASSE:
zehnmal leichter als die Erde

ENTFERNUNG VON DER ERDE:
zwischen 60 und 400 Millionen Kilometer: ein ✈ braucht mindestens sieben Jahre dorthin, ein ☄ mit Lichtgeschwindigkeit gut drei Minuten

UMLAUFGESCHWINDIGKEIT UM DIE SONNE:
87.000 Stundenkilometer

TEMPERATUR AN DER OBERFLÄCHE:
minus 63 Grad (im Durchschnitt)

EINE MARSDREHUNG:
etwas mehr als ein Tag

EIN MARSUMLAUF:
fast zwei Jahre

MONDE:
zwei

AKTUELLSTE RAUMSONDE:
Landesonde InSight (seit 2018), davor zahlreiche andere Raumsonden, acht davon sind noch aktiv

ASTRONOMISCHES SYMBOL:
♂, es steht für Schutzschild und Speer, die der römische Gott Mars mit sich trug

VON DER ERDE AUS SICHTBAR

ist seine Oberfläche. Das liegt daran, dass Mars nicht so nahe an der Sonne steht wie Merkur und nicht ständig von Wolken verhüllt ist wie die Venus. Das rötliche Aussehen wird durch rostigen Eisenstaub hervorgerufen, der auf dem Boden und in der Luft verteilt ist. Man nennt Mars deswegen auch den Roten Planeten. Die Oberfläche ist sandig, es gibt Dünen, Hügel und Berge. Überall liegen Gesteinsbrocken herum und der Marshimmel erscheint durch den Staub orange. Das wissen die Forscher von Fotos, die Raumsonden an ihren Landeplätzen gemacht haben.

EIN GEWALTIGER GRABEN

wurde auf den Fotos der Raumsonde Mariner 9 entdeckt. Er heißt Valles Marineris und ist 4.000 Kilometer lang, 700 Kilometer breit und sieben Kilometer tief. Der berühmte Grand Canyon in Amerika ist dagegen klein! Auf dem Mars gibt es auch enorme Vulkane. Ob sie noch einmal ausbrechen könnten, wissen die Forscher nicht genau. Die Marsoberfläche ist teilweise mit Kratern bedeckt. Es sind aber viel weniger als auf dem Mond oder auf Merkur.

Mars mit dem großen Graben Valles Marineris

EIN RIESENBERG steht auf dem Mars. Er heißt Olympus Mons. Er ist ein Vulkan und der höchste Berg im ganzen Sonnensystem. Sein Gipfel ragt 26 Kilometer über die umliegende Landschaft. Er ist damit mehr als dreimal so hoch wie der Mount Everest, der höchste Berg auf der Erde! Bei uns könnte es einen so großen Berg gar nicht geben. Er würde durch sein eigenes Gewicht einsinken, weil die Schwerkraft auf der Erde viel größer ist als die auf dem Mars.

der Vulkan Olympus Mons
Mount Everest, der höchste Berg auf der Erde
Größenvergleich Olympus Mons – Mount Everest

weiße Wolken

EINE DÜNNE LUFTSCHICHT umhüllt unseren Nachbarplaneten. Sie ist viel dünner als die Lufthülle der Erde und besteht zum größten Teil aus dem giftigen Gas Kohlendioxid. Manchmal bilden sich darin weiße Wolken. Auf dem Mars können auch heftige Staubstürme auftreten. Dann sind große Teile des Planeten tage- oder wochenlang in einen orangen Staubschleier gehüllt. Die Temperaturunterschiede auf dem Mars sind sehr groß: maximal 25 Grad am Äquator und eisige minus 130 Grad an den Polen.

ein Staubsturm

SOMMER UND WINTER gibt es auch auf dem Mars. Da ein Marsjahr aber fast doppelt so lang ist wie ein Jahr auf der Erde, dauern auch die Jahreszeiten doppelt so lang. Der Mars hat wie die Erde Eiskappen an seinem Nord- und Südpol. Wenn auf der Nordhalbkugel Sommer ist, schmilzt die nördliche Polkappe und wird kleiner. Im Winter wächst sie wieder an. Auf der Südhalbkugel passiert das ein halbes Marsjahr später. Ein Tag auf dem Mars dauert fast genauso lang wie ein Tag auf der Erde. Er ist nur eine halbe Stunde länger.

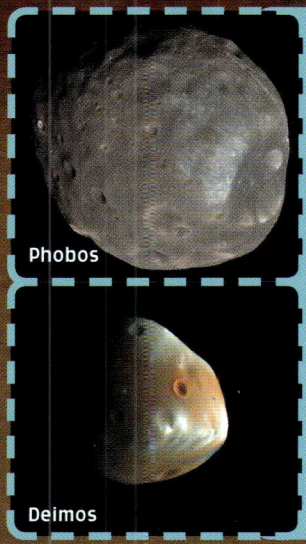

Phobos

Deimos

ZWEI WINZIGE MONDE kreisen um den Mars. Die beiden Felsbrocken sind nur 26 und acht Kilometer groß und haben die Form von Kartoffeln. Passend zum Kriegsgott Mars tragen sie die Namen Phobos und Deimos. Das ist Griechisch und heißt übersetzt Furcht und Schrecken. Der größere Mond Phobos kommt dem Mars immer näher. In rund 50 Millionen Jahren wird er auseinanderbrechen und einige Teile werden auf Mars stürzen. Der Rest wird als Trümmerring um den Mars kreisen.

EINE LANDUNG AUF DEM MARS ist schwierig. Eine Raumsonde muss zur Landung stark abgebremst werden. Die dünne Marsluft bremst aber nicht gut. Trotzdem ist die Lufthülle dick genug, dass eine Sonde darin verglühen oder von ihr abprallen kann. Für eine erfolgreiche Landung muss also alles ganz genau stimmen. Und sie muss im Voraus geplant werden und dann automatisch ablaufen. Signale von der Erde kämen zu spät an. Das ist eine große Herausforderung und jedes Mal sehr aufregend. Bisher hat nur knapp die Hälfte aller Landeversuche geklappt: Nur acht von fast 20 Geräten sind unbeschadet angekommen.

IM JAHR 2018 ist die amerikanische Sonde Insight („Einblick") auf dem Mars gelandet. Sie soll das Innere unseres Nachbarplaneten erkunden. Bei der Landung wurde Insight zunächst durch die Lufthülle des Mars abgebremst. Dabei wird eine Sonde stark erhitzt: Ihr Hitzeschutz wurde über tausend Grad heiß! Dann öffnete sich ein Fallschirm. Er bremste den Sturz weiter ab. Schließlich wurden Gasdüsen an der Unterseite der Sonde gezündet. Damit konnte Insight nach insgesamt sieben Minuten sanft aufsetzen.

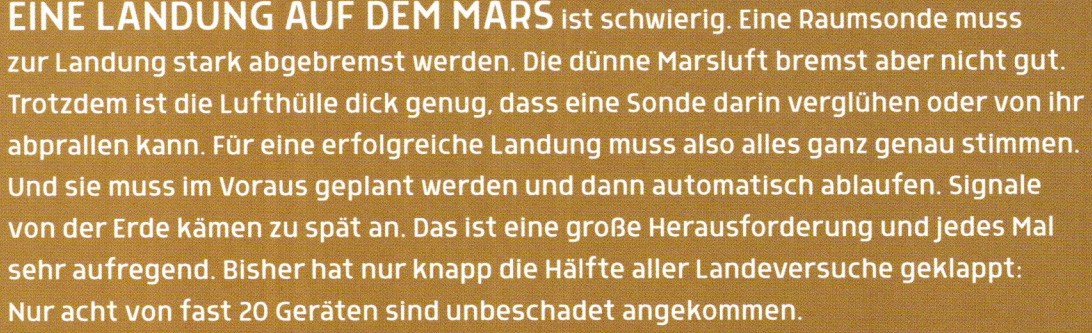

die Landung der Sonde Insight

DER MARS

ist außer dem Mond der einzige Himmelskörper, auf dem wir Menschen in näherer Zukunft landen könnten. Für Viele ist das ein großer Traum. Wir könnten dann selbst nachsehen, ob es dort Leben gibt. Alle 26 Monate wäre ein Start günstig. Der Mars kommt uns dann besonders nahe. Trotzdem wäre die Reise lang und gefährlich. Die Astronauten kämen erst nach über zwei Jahren zurück und müssten jede Menge Schwierigkeiten bewältigen. Eine Reise zum Mond ist dagegen ein kurzer Ausflug!

REISEZEIT ZUM MARS:
rund neun Monate

MÖGLICHER START:
etwa alle zwei Jahre

KLEINSTE ENTFERNUNG:
55 Millionen Kilometer, 150-mal weiter als zum Mond

KOSTEN EINER BEMANNTEN EXPEDITION:
mehr als 100 Milliarden Euro

MENSCHEN sind deswegen noch nicht zum Mars geflogen. Es gibt auf dem Roten Planeten aber schon Landeroboter von der Erde. Sie wurden von Raumsonden abgesetzt und sind mit Messinstrumenten, Kameras und Werkzeugen ausgestattet. Die Roboter werden von Forschern und Ingenieuren von der Erde aus ferngesteuert. Sie untersuchen den Planeten und machen Fotos. Einige können sich bewegen und ihre Umgebung erkunden. Man nennt solche Marsautos „Rover".

eine Viking-Sonde

der Rover Opportunity

der Rover Curiosity

BERÜHMTE LANDEROBOTER auf dem Mars sind zum Beispiel die beiden amerikanischen Viking-Sonden. Sie suchten 1976 zum ersten Mal nach Leben auf dem Roten Planeten. Ihre Ergebnisse könnten auf Leben hindeuten. Sie lieferten aber keinen eindeutigen Beweis und sind daher bis heute umstritten. Der Marsrover Curiosity landete 2012 und ist bisher das größte Fahrzeug auf dem Mars: Er ist so groß wie ein kleines Auto. Gleich zwei Rekorde hält der etwas ältere Rover Opportunity: Mit 45 Kilometern hat er die größte Strecke auf dem Mars zurückgelegt und über 14 Jahre lang funktioniert!

SONNE UND PLANETENSYSTEM

LANDUNG AUF DEM MARS

DER ROTE PLANET wirkt auf uns Menschen sehr geheimnisvoll. Schon früher waren die Forscher vom Mars begeistert. Bereits vor Jahrhunderten fragten sie sich, ob es dort vielleicht Bewohner gibt. Inzwischen wurde der Planet von zahlreichen Raumsonden untersucht. Marsmenschen wurden nicht gefunden und auch keine anderen Lebewesen. Vielleicht gibt es aber Spuren von einfachem Leben. Die Forscher suchen weiter danach.

MARS UND ERDE sind sich recht ähnlich. Manche Marsfotos, die Raumsonden geschickt haben, könnten auch von der Erde stammen. Wir Menschen könnten auf dem Mars jedoch nicht ohne Raumanzug leben. Es gibt keinen Sauerstoff zum Atmen und die dünne Marsluft kann die schädliche Strahlung aus dem Weltraum nicht abhalten. Vielleicht gibt es dort aber zum Beispiel Bakterien. Das sind kleinste Lebewesen. Sie könnten im Marsboden sitzen, wo sie geschützt sind.

FLÜSSIGES WASSER ist für Lebewesen auf der Erde sehr wichtig. Ohne Wasser gäbe es kein Leben. Deswegen suchen die Forscher auch auf dem Mars danach. Unser Nachbarplanet ist jedoch extrem trocken. Die Marsluft ist so dünn, dass Wasser einfach verdampfen würde. Außerdem ist es zu kalt. Trotzdem haben die Forscher an einigen Hängen Rinnen gefunden. Vielleicht ist dort eine kurze Zeit lang Wasser geflossen. Auch unterhalb der Marsoberfläche könnte es flüssiges Wasser geben.

Rinnen an einem Hang

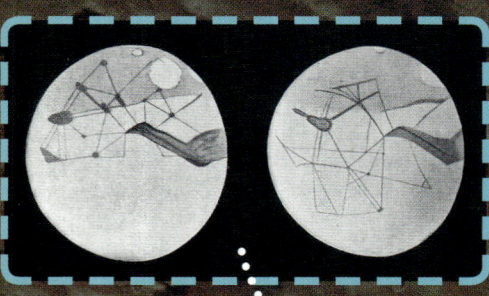

VOR ÜBER HUNDERT JAHREN glaubten einige Astronomen, dass sie Wasserkanäle auf dem Mars entdeckt hätten. Mit ihren Teleskopen konnten sie lange, dunkle Linien verfolgen. Sie vermuteten, dass Ingenieure vom Mars diese Kanäle gebaut hätten. Davon waren viele Menschen sofort begeistert und es wurden spannende Geschichten erfunden. Darin besuchten die „Marsianer" die Erde oder umgekehrt. Fotos von Raumsonden zeigten aber später, dass es keine Kanäle gab. Die Astronomen hatten sich getäuscht!

Eis in einem Krater

Eis an den Polen

GEFRORENES WASSER, also Eis, wurde auf dem Mars bereits gefunden. Es sitzt als Frost auf Dünen, in frischen Kratern und in den weißen Kappen am Nord- und Südpol des Planeten. Die Kappen bestehen außerdem aus gefrorenem Kohlendioxid. Auch unterhalb der Oberfläche gibt es Wassereis. Die Forscher haben zudem ausgetrocknete Flusstäler und Seen entdeckt. Vor Milliarden von Jahren muss es auf dem Mars also ganz anders gewesen sein: Damals ist viel Wasser geflossen. Zu dieser Zeit war die Marsluft wohl dichter und wärmer.

ein ausgetrocknetes Flusstal

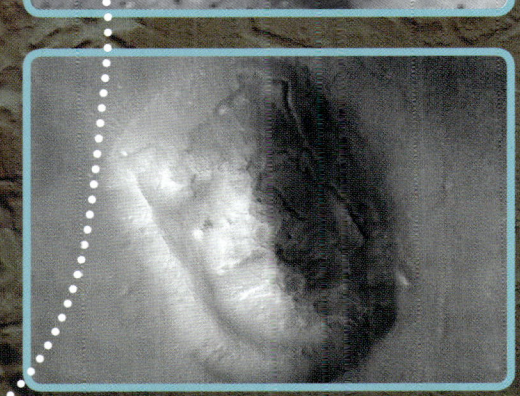

EIN „MARSGESICHT" sorgte im Jahr 1976 für Aufregung. Die amerikanische Raumsonde Viking 1 hatte ein Foto zur Erde geschickt, auf dem man ein Gesicht auf dem Marsboden erkennen konnte. War das vielleicht ein Kunstwerk von Marsbewohnern? 25 Jahre später fotografierte die Raumsonde Mars Global Surveyor das „Gesicht" noch einmal. Das Bild war viel schärfer und zeigte das Gebiet bei anderem Licht und von einer anderen Seite. Ein Gesicht war nun nicht mehr zu erkennen, sondern nur noch ein Berg. Also wieder kein Hinweis auf Marsbewohner!

ein Meteorit vom Mars

LEBEN AUF DEM MARS – das würden die Astronomen gerne finden, selbst wenn es nur Bakterien wären. Dazu untersuchen sie immer weiter mit Raumsonden den Marsboden, die Steine und die dünne Marsluft. Sie suchen auch nach Leben in Meteoriten, die auf der Erde gefunden wurden und die vom Mars stammen. Das wissen die Forscher wegen der Stoffe, die sie enthalten. Leben konnte aber bislang noch niemand auf dem Mars nachweisen.

TERRAFORMING – so nennt man es, wenn Menschen versuchen würden, aus dem Mars eine zweite Erde zu machen. Durch Abschmelzen seiner Eispolkappen könnte der Treibhauseffekt auf dem Mars erhöht werden. Der Rote Planet würde sich erwärmen und die Luft würde dichter werden. Auf der Oberfläche würde Wasser fließen. Zusammen mit dem Schmutz auf dem Marsboden würde sich Sauerstoff bilden. Vielleicht könnten auf diese Weise Menschen in vielen hundert Jahren ohne Raumanzug auf dem Mars herumspazieren.

MARSEXPERIMENTE gibt es auch auf der Erde. Dabei leben ein paar Menschen monatelang freiwillig in einer abgelegenen Station – wie in einem Raumschiff oder auf dem Mars. Das Essen besteht aus Konserven und Pulvern. Jeder hat nur ein winziges Zimmer. Draußen muss man einen Raumanzug tragen. Telefonieren kann man nicht und das Internet funktioniert nur mit Zeitverzögerung. So wird getestet, wie sich Menschen über lange Zeit auf engem Raum verstehen. Eine Marsreise kann man schließlich nicht einfach abbrechen, wenn man keine Lust mehr hat.

ein Marsexperiment auf der Erde

WENN MENSCHEN ZUM MARS fliegen würden, müssten sie alles mitnehmen, was sie dort zum Leben bräuchten: Essen, Wasser, Sauerstoff zum Atmen, Raumanzüge, Wohncontainer, Marsautos, Treibstoff – und vieles mehr. Eine starke Rakete müsste das alles nach oben schießen. Ein Dreivierteljahr lang würden die Astronauten mit dem Raumschiff reisen. Sie wären auf engstem Raum eingesperrt – das könnte zu Stress und Streit führen. Die Astronauten wären dann schwerelos und der Strahlung aus dem Weltraum ausgesetzt. Das wäre alles nicht gut für ihren Körper. Danach würde die schwierige Landung auf dem Mars anstehen. Marsfahrer müssten also starke Nerven haben und sehr gesund sein.

AUF DEM MARS angekommen, müssten sich die Astronauten in Schutzräumen aufhalten oder einen Raumanzug tragen. Es ist kalt wie in der Antarktis, die Luft ist dünn und giftig. Auch hier ist die Strahlung gefährlich. Es kann auch Staubstürme oder Meteoriteneinschläge geben. Die Astronauten würden nun ihre Experimente durchführen. Notfälle müssten sie allein bewältigen: Funkhilfe von der Erde bräuchte rund eine halbe Stunde. Marsfahrer müssten deswegen Allroundtalente sein und fast alles allein können. Außerdem müssten sie gute Forscher und sehr umgängliche Menschen sein.

So könnte eine Landestation auf dem Mars aussehen.

Arbeiten auf dem Mars

IN FERNER ZUKUNFT sind Marsreisen vielleicht bequemer: Den langen Flug könnten die Astronauten in einer Art Winterschlaf verbringen. Langeweile und Streit kämen dann nicht auf. Essen und Trinken müssten sie auch nicht. Dadurch hätten sie Platz und Treibstoff gespart. Fabriken und Wohncontainer würden vorher zum Mars geschickt und von Robotern zusammengebaut. Energie und Nahrungsmittel würden die Astronauten selbst erzeugen, ebenso den Sauerstoff zum Atmen und den Treibstoff für die Rückkehr. Dann müssten sie nicht so viel mitnehmen.

ein Gewächshaus auf dem Mars

SONNE UND PLANETENSYSTEM
ASTEROIDEN

VIELE KLEINE BROCKEN

aus Stein und Metall bewegen sich mit den Planeten um die Sonne. Man nennt sie Asteroiden. Die Forscher haben schon fast eine Million von ihnen entdeckt. Und sie finden immer noch neue. Die meisten kreisen zwischen den Planeten Mars und Jupiter. Dieser Bereich heißt Asteroidengürtel. Fast alle Asteroiden haben eine unregelmäßige Form. Manche sind sogar nur lockere Steinhaufen. Der größte ist der runde Zwergplanet Ceres.

BREITE DES ASTEROIDENGÜRTELS: mehr als 150 Millionen Kilometer, das ist mehr als der Abstand der Erde von der Sonne

MASSE: 20-mal weniger als unser Mond, über 1.000-mal weniger als die Erde

ANZAHL DER ASTEROIDEN: wahrscheinlich mehr als eine Million

GRÖSSE DER ASTEROIDEN: einige Meter bis knapp 1.000 Kilometer

ENTFERNUNG VON DER ERDE: zwischen 150 und 300 Millionen Kilometer: ein ✈ braucht mindestens 19 Jahre dorthin, ein ☄ mit Lichtgeschwindigkeit etwas mehr als acht Minuten

AKTUELLSTE RAUMSONDE: Osiris-Rex (seit 2016), davor zahlreiche andere, vier davon sind noch aktiv

EINEN GROSSEN PLANETEN hatten die Astronomen hier eigentlich erwartet. Doch die Schwerkraft des Riesenplaneten Jupiter verhinderte, dass die vielen Brocken zusammenwachsen konnten. Immer wieder sind sie so heftig zusammengestoßen, dass sie dabei zerbrachen. Die Asteroiden sind also Reste aus der Frühzeit des Sonnensystems! Auch heute noch wirft Jupiter gelegentlich Asteroiden aus ihrer Bahn. Manche können der Erde nahe kommen und im schlimmsten Fall einschlagen. Die Astronomen versuchen, solche gefährlichen Brocken möglichst früh zu entdecken.

DER GRÖSSTE Asteroid Ceres wurde als erster entdeckt. Der italienische Astronom Giuseppe Piazzi hatte ihn in der Silvesternacht 1800 zufällig gefunden. Ein halbes Jahrhundert lang zählte Ceres zunächst als Planet. Als die Forscher aber immer weitere Brocken in seiner Umgebung fanden, wurde Ceres gemeinsam mit ihnen als Asteroid eingestuft. Seit 2006 gilt Ceres als Zwergplanet, da er eine runde Form hat. Weitere Zwergplaneten kreisen jenseits von Neptun. Ceres ist der kleinste von ihnen.

Größenvergleich Asteroiden – Mond

DURCHMESSER VON CERES UND VESTA:
ungefähr 1.000 Kilometer (Ceres), fast viermal kleiner als unser Mond / ungefähr 500 Kilometer (Vesta), siebenmal kleiner als unser Mond

MASSE:
70-mal bis 250-mal leichter als der Mond

UMLAUFGESCHWINDIGKEIT UM DIE SONNE:
rund 65.000 Stundenkilometer

TEMPERATUR AN DER OBERFLÄCHE:
minus 100 Grad

EINE DREHUNG:
zwischen fünf und neun Stunden

EIN UMLAUF:
ungefähr vier Jahre

AKTUELLSTE RAUMSONDE:
Dawn (seit 2011)

ASTRONOMISCHES SYMBOL:
⚳ (Ceres), es steht für die Sichel der römischen Göttin der Pflanzen
⚶ (Vesta), es steht für den Feueraltar der römischen Göttin von Heim und Herd

DIE RAUMSONDE DAWN untersucht Ceres seit März 2015. Auf ihren Fotos sieht man viele Einschlagkrater. Die gesamte Ceres-Oberfläche scheint von dunklem, pulvrigem Gestein bedeckt zu sein. Man nennt es Regolith (wie auf dem Mond). Es gibt aber auch sehr helle Flecken. Der hellste Fleck liegt im 92 Kilometer großen Krater Occator. Hier haben sich wahrscheinlich chemische Stoffe aus dem Untergrund abgelagert. Unter der Oberfläche von Ceres gibt es Eis und vielleicht sogar flüssiges Wasser.

der Krater Occator

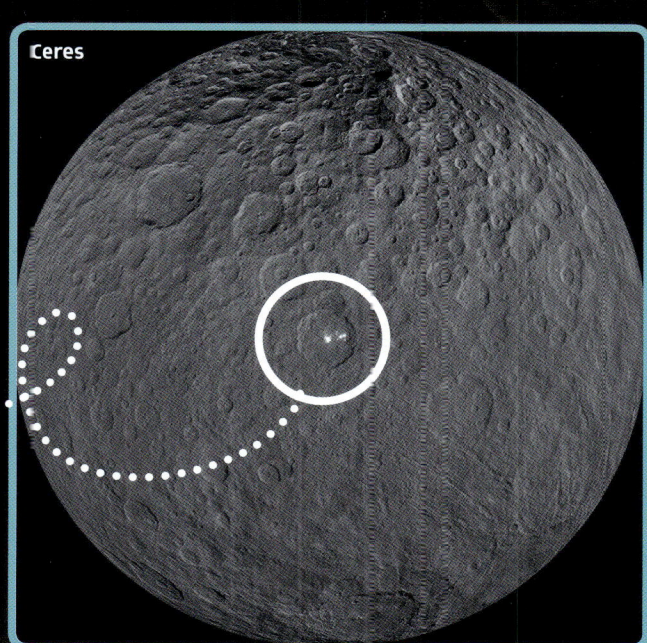
Ceres

DER HELLSTE Asteroid ist aber nicht Ceres, sondern Vesta. Vesta ist nur etwa halb so groß wie Ceres und sieht aus wie eine Walnuss. Auch Vesta wurde von der Raumsonde Dawn untersucht. Sie fand zwei riesige Einschlagbecken. Das größere hat einen Durchmesser von über 500 Kilometern und ist fast so groß wie Vesta selbst! Bei dem Einschlag wurde Vesta wie eine Ziehharmonika zusammengedrückt. Dabei sind auch die Gräben entstanden, die sich über der ganzen Asteroiden ziehen.

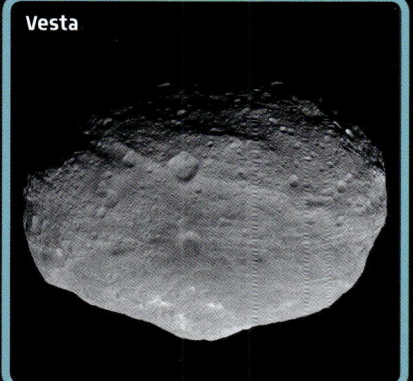
Vesta

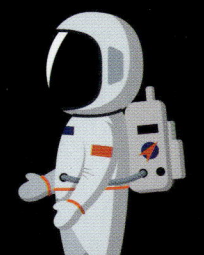

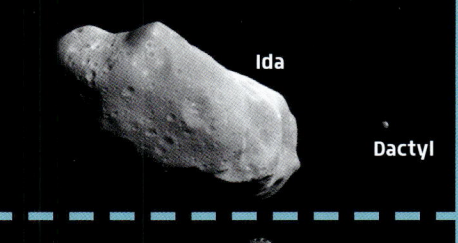
Ida
Dactyl
Eros

ANDERE ASTEROIDEN wurden ebenfalls von Raumsonden erkundet. Die Galileo-Sonde hat 1993 den Asteroiden Ida mit seinem winzigen Mond Dactyl fotografiert. 2001 landete das Raumschiff NEAR Shoemaker auf dem kartoffelförmigen Eros. Und 2018 hat die japanische Raumsonde Hayabusa 2 hüpfende Erkundungssonden auf dem Brocken Ryugu abgesetzt. Mit Asteroidensonden möchten die Forscher die Anfänge des Sonnensystems erkunden und gefährliche, erdnahe Brocken untersuchen.

SONNE UND PLANETENSYSTEM
METEORITEN

HEFTIGE EINSCHLÄGE durch Brocken
aus dem Weltall gab es vor allem in der Frühzeit unseres Sonnensystems. Das war vor Milliarden Jahren. Auch die Erde ist nicht verschont geblieben. Es kam zu dramatischen Katastrophen. Heute gibt es nicht mehr so viele und große Einschläge. Ab und zu fallen aber noch Steine aus dem Weltraum vom Himmel. Beim Einschlag auf dem Boden erzeugen sie einen Krater. Man nennt sie Meteoriten.

Erdkrater Nördlinger Ries

Mondkrater

EIN GROSSER KRATER ist das
Nördlinger Ries. Es hat einen Durchmesser von 20 Kilometern. Wahrscheinlich ist dort vor 15 Millionen Jahren ein kilometergroßer Brocken aus dem Weltraum eingeschlagen. Er muss die ganze Gegend verwüstet haben. Es gibt noch andere Meteoritenkrater auf der Erde. Sie verwittern aber mit der Zeit und sind dann nicht mehr so gut zu erkennen. Auf dem Mond ist das anders, weil es dort kein Wasser, keinen Wind und keine aktiven Vulkane gibt. Dort erkennt man die Krater immer noch sehr gut!

So sähe es aus, wenn ein großer Meteorit auf die Erde einschlagen würde.

GEFÄHRLICH können Meteoriteneinschläge auch heute noch sein. Am 15. Februar 2013 ging ein Brocken von rund 20 Metern Durchmesser in der Nähe der russischen Stadt Tscheljabinsk nieder. Seine Leucht- und Rauchspur am Himmel wurde von vielen Menschen beobachtet. Mit einem lauten Knall explodierte er in der Luft. Dabei gingen zahlreiche Fensterscheiben kaputt und Menschen wurden verletzt. Ein 600 Kilogramm schweres Meteoritenstück wurde später in einem See gefunden. Ein solch dramatischer Einschlag passiert heute aber nur noch ungefähr alle hundert Jahre.

die Rauchspur des Meteoriten von Tscheljabinsk

DIE MEISTEN Meteoriten sind Bruchstücke von Asteroiden. Sie wurden durch Zusammenstöße oder durch die Schwerkraft von Jupiter auf Kollisionskurs mit der Erde gebracht. Einige Meteoriten kommen aber auch vom Mond oder vom Mars. Sie sind von dort durch Einschläge ins All geschleudert worden. Meteoriten bestehen meist aus Stein. Es gibt aber auch Meteoriten aus Eisen.

ein Meteorit aus Stein

ein Meteorit aus Eisen

AUFGEPASST: METEOROIDEN nennt man kleine Brocken, die um die Sonne kreisen. Ihre Größe reicht von ein paar Metern bis hin zu winzigen Staubkörnern. Trifft ein Meteoroid die Erde, saust er durch ihre Lufthülle. Die Luft erhitzt sich und leuchtet auf. Dieses Leuchten bezeichnet man als Meteor. Kleine Meteoroiden erzeugen auf diese Weise leuchtende Sternschnuppen und verglühen. Größere Meteoroiden verglühen aber nicht ganz. Stücke von ihnen fallen bis auf den Boden. Diese Steine aus dem Weltraum bezeichnet man als Meteoriten. Beim Sturz durch die Lufthülle werden sie sehr heiß und bekommen eine dunkle Kruste.

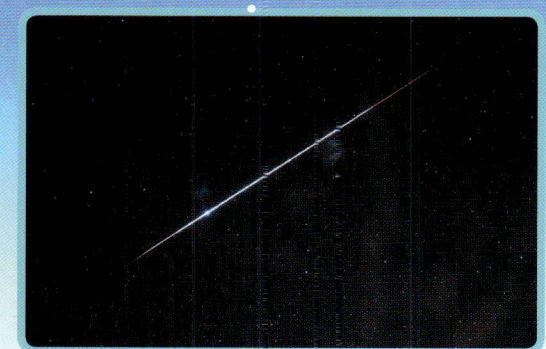

DER GRÖSSTE Meteorit, der bisher gefunden wurde, ist drei Meter lang. Er besteht aus Eisen und wiegt 60.000 Kilogramm. Sein Name ist Hoba. Vor etwa 80.000 Jahren schlug er auf der Erde ein. Bis heute liegt Hoba an seinem Fundort in Namibia in Afrika. Die Astronomen versuchen heutzutage, Meteoroiden auf Kollisionskurs möglichst früh zu entdecken. Vielleicht ist es möglich, sie an der Erde vorbeizulenken oder im Weltraum zu sprengen.

DIE DINOSAURIER sind wahrscheinlich durch einen gewaltigen Einschlag ausgestorben. Vor 65 Millionen Jahren traf ein etwa zehn Kilometer großer Asteroid mit mehr als 70.000 Stundenkilometern die Erde. Es kam zu großen Flutwellen und Erdbeben. Der Einschlag wirbelte so viel Staub auf, dass kaum noch Sonnenlicht durchkam. Es wurde dunkel und kalt. Viele Lebewesen starben, darunter vermutlich auch die Dinosaurier.

SONNE UND PLANETENSYSTEM
JUPITER

DURCHMESSER:
143.000 Kilometer, elfmal so groß wie die Erde

MASSE:
mehr als 300-mal so schwer wie die Erde

ENTFERNUNG VON DER ERDE:
zwischen 600 und 1.000 Millionen Kilometer: ein ✈ braucht mindestens 75 Jahre dorthin, ein 🚀 mit Lichtgeschwindigkeit eine halbe Stunde

UMLAUFGESCHWINDIGKEIT UM DIE SONNE:
47.000 Stundenkilometer

TEMPERATUR AN DER OBERFLÄCHE:
minus 108 Grad

EINE JUPITERDREHUNG:
knapp zehn Stunden

EIN JUPITERUMLAUF:
fast zwölf Jahre

MONDE:
mindestens 79

AKTUELLSTE RAUMSONDE:
Juno (seit 2016), davor Galileo (1995–2003)

ASTRONOMISCHES SYMBOL:
♃, es steht für die Blitze, die der römische Gott Jupiter ausgesendet hat

JUPITER ist der „König" des Planetensystems. Er ist deutlich größer als alle anderen Planeten und wird deswegen auch oft der Riesenplanet genannt. Die Erde sähe neben ihm aus wie eine winzige Erbse neben einem Tennisball! Jupiter ist auch enorm schwer: Er wiegt mehr als doppelt so viel wie alle anderen Planeten zusammen. Weil er am Himmel so hell leuchtet, wurde er nach dem obersten Gott der Römer benannt. Jupiter ist der erste der vier großen Gasplaneten, die hinter dem Asteroidengürtel um die Sonne kreisen.

Größenvergleich Jupiter – Erde

WIE DIE SONNE besteht Jupiter hauptsächlich aus Wasserstoff mit ein bisschen Helium. Das sind die leichtesten Gase, die es gibt. Jupiter ist trotzdem viel schwerer als die Erde, weil er so gigantisch groß ist. Aber er ist immer noch 1.000-mal leichter als die Sonne! Als Gasplanet hat Jupiter keine feste Oberfläche. Raumsonden können dort nicht landen, sie würden einfach in den Wolken verschwinden. Die Gaswolken werden nach unten immer dichter. Irgendwann drückt die Schwerkraft sie so stark zusammen, dass sie flüssig werden. Vielleicht befindet sich tief im Inneren des Planeten ein Kern aus Gestein.

BRAUN-WEISSE WOLKEN-STREIFEN sind auf Jupiter besonders auffällig. Die braunen Wolken bestehen aus anderen Stoffen als die weißen und sind wärmer. Richtig warm ist es an der Wolkenoberfläche aber nirgendwo: Die Temperatur liegt bei minus 100 Grad. Jedes Wolkenband dreht sich andersherum als das Nachbarband. In den Bändern stürmt es gewaltig und an den Rändern treffen die Stürme aufeinander. Sie bilden dort Streifen, Wirbel und Flecken.

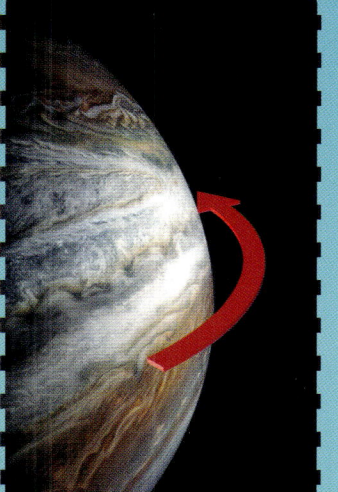

SCHNELLER ALS ALLE ANDEREN
Planeten dreht sich Jupiter um seine eigene Achse. Und das, obwohl er so groß ist. Daher kommt auch sein Streifenmuster: Durch das rasante Kreisen werden die Wolken über den ganzen Planeten auseinandergezogen. Für eine Umdrehung braucht der Gasriese nur knapp zehn Stunden. Das ist weniger als halb so lang als die viel kleinere Erde. Sie braucht ja ganze 24 Stunden.

DER GRÖSSTE WIRBELSTURM
im ganzen Sonnensystem tobt auf Jupiter. Er wird „Großer Roter Fleck" genannt, weil er eine rötliche Farbe hat und deutlich größer ist als unsere Erde. Den Großen Roten Fleck gibt es schon sehr lange: Frühere Forscher haben ihn bereits vor über 350 Jahren beobachtet. Warum der Wirbelsturm so riesig ist und wie er so lange aktiv sein kann, ist für die Astronomen ein Rätsel.

der Große Rote Fleck

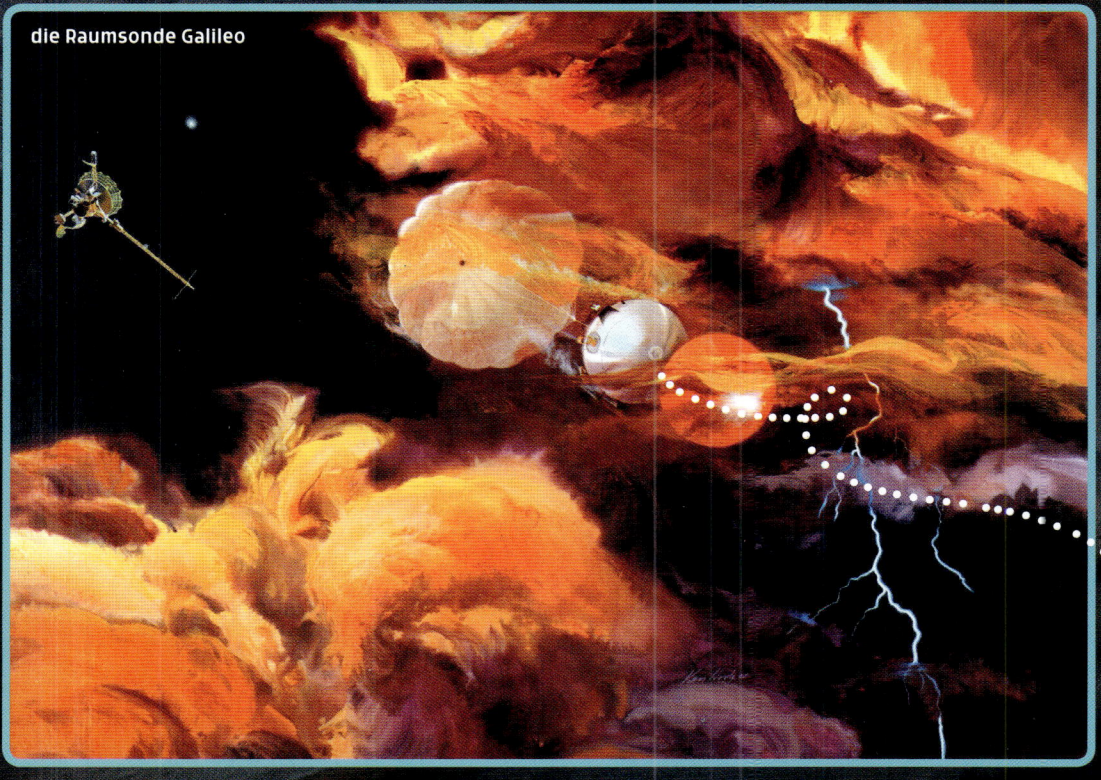

die Raumsonde Galileo

DIE RAUMSONDE GALILEO
hat Jupiter fast acht Jahre lang untersucht. Im Jahr 1995 hat sie eine Messsonde in die Jupiterwolken abgeworfen, die an einem Fallschirm schwebte und eine Stunde lang Daten senden konnte. Danach ist sie in den immer dichter und heißer werdenden Wolken zerquetscht worden. Zum Schluss betrug die Temperatur 150 Grad. Die Messungen zeigten Windgeschwindigkeiten von mehr als 600 Stundenkilometern. Das sind viel heftigere Stürme als die stärksten Orkane bei uns auf der Erde. Auch 100-mal kräftigere Gewitterblitze gibt es!

Bruchstücke des Kometen Shoemaker-Levy 9

„STAUBSAUGER"
im Sonnensystem wird Jupiter manchmal genannt. Wegen seiner großen Schwerkraft zieht er umherfliegende Brocken besonders stark an und kann sie von ihrer Bahn ablenken. Ab und zu fängt er sie sogar ganz ein. Das ist 1994 einem Kometen passiert: Er hieß Shoemaker-Levy 9. Als er sich Jupiter näherte, ist er zuerst in viele Teile zerbrochen. Die Bruchstücke sind danach mit gewaltigen Einschlägen in seine Gashülle eingetaucht und explodiert. Die Einschlagstellen konnte man noch monatelang als bräunliche Flecken auf Jupiter sehen.

SONNE UND PLANETENSYSTEM

DIE JUPITER-MONDE

DURCHMESSER DER VIER GROSSEN MONDE:
zwischen 3.100 Kilometer (etwas kleiner als unser Mond) und 5.300 Kilometer (deutlich größer als unser Mond)

MASSE:
gut halb so schwer bis doppelt so schwer wie unser Mond

ENTFERNUNG VON JUPITER:
zwischen 420.000 und fast zwei Millionen Kilometer, das ist ungefähr ein- bis fünfmal so weit weg wie unser Mond

TEMPERATUR AN DER OBERFLÄCHE:
minus 110 Grad bis minus 220 Grad

UMLAUFGESCHWINDIGKEIT UM JUPITER:
zwischen 30.000 und 62.000 Stundenkilometer, das ist zwischen achtmal und 17-mal so schnell wie unser Mond

EIN UMLAUF UM JUPITER:
zwischen knapp zwei Tagen und 17 Tagen

ÜBER 70 MONDE umkreisen Jupiter. Die meisten davon sind nur wenige Kilometer große Brocken. Sie wurden mit Großteleskopen oder Raumsonden entdeckt. Wahrscheinlich hat Jupiter sie eingefangen. Vier Monde sind jedoch groß, drei sind sogar größer als unser Erdmond. Der italienische Forscher Galileo Galilei hat sie 1610 mit einem einfachen Fernrohr entdeckt. Sie heißen Io, Europa, Ganymed und Kallisto. Im Vergleich zu Jupiter oder seinem Großen Roten Fleck sind sie aber immer noch klein.

Größenvergleich Jupitermonde – Mond

IO ist dem Planeten Jupiter von den vier großen Monden am nächsten. Er ist etwas größer als unser Mond und rast in weniger als zwei Tagen um Jupiter. Das ist viel schneller als unser Mond sich um die Erde dreht. Durch die Schwerkraft des nahen Riesenplaneten wird Io bei seiner Bewegung um Jupiter ständig durchgeknetet. Deswegen hat er Hunderte Vulkane, die immer wieder ausbrechen. Raumsonden konnten mehrere Ausbrüche „live" beobachten. Die ausgestoßenen Rauchwolken waren über hundert Kilometer hoch!

eine Rauchwolke über einem Vulkan

PIZZAMOND – so wird Io manchmal im Spaß genannt, weil er bunt aussieht wie eine Pizza. Auf seiner Oberfläche gibt es gelbe, grüne, rote, schwarze und weiße Kleckse und größere gelbe Flächen. Sie bestehen aus Schwefel, der aus den Vulkanausbrüchen stammt. Schwefel gibt es auch bei uns in heißen Quellen. Die anderen bunten Tupfer sind Lavaströme und weitere Stoffe, die Schwefel enthalten. Wasser gibt es auf Io nicht.

EUROPA heißt der zweite große Jupitermond (genau wie unser Kontinent). Er ist etwas kleiner als der Erdmond und kreist in dreieinhalb Tagen um Jupiter. Seine Oberfläche ist eine riesige, etwas schmutzige Eisfläche. An vielen Stellen hat das Eis Risse und Brüche. Einschlagkrater sind kaum zu sehen. Die Forscher glauben, dass es unter dem Eis einen Ozean aus Salzwasser gibt. Sie planen, eine Raumsonde auf Europa landen zu lassen und den Ozean mit einem U-Boot zu erforschen. Vielleicht gibt es darin sogar einfache Lebewesen!

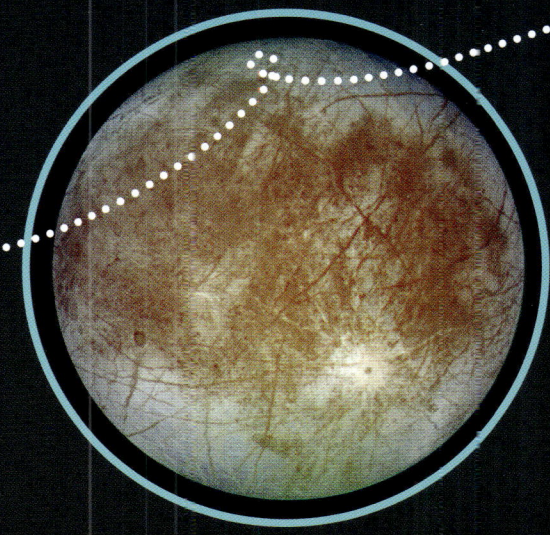

Risse und Brüche im Eis

eine mögliche Raumsonde auf Europa

GANYMED ist der dritte und größte Mond von Jupiter. Er ist deutlich größer als unser Mond. Für eine Umrundung von Jupiter braucht er etwas mehr als eine Woche. Seine Oberfläche besteht ebenfalls aus einer Eisschicht. Sie ist aber viel dicker als die von Europa.

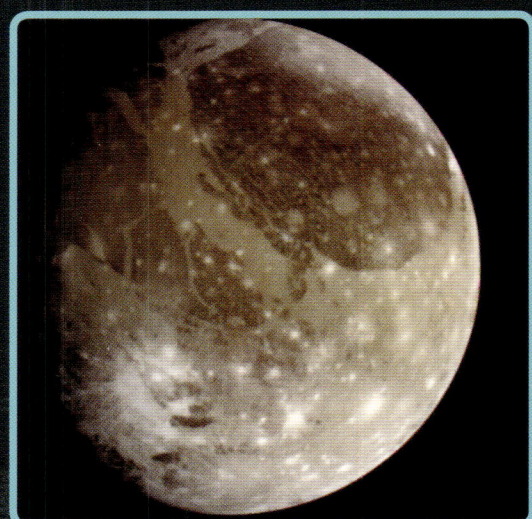

Man kann große dunkle Bereiche erkennen, in denen das Eis mit Gestein vermischt ist. In den lang gestreckten, helleren Gebieten gibt es viele Gräben. Die hellen Flecken sind Einschlagkrater. Hier wurde frisches Eis über die Oberfläche verteilt.

KÖNIG DER MONDE ist der Riesenplanet Jupiter auch. Er versammelt die meisten Monde um sich. Aktuell sind 79 bekannt, immer wieder werden neue gefunden. Mit Ganymed hat Jupiter auch den größten Mond im ganzen Sonnensystem. Ganymed ist eineinhalbmal so groß wie unser Mond und sogar etwas größer als der Planet Merkur. Der Riesenplanet Jupiter hat also auch einen Riesenmond. Neben Jupiter wirkt er trotzdem winzig.

KALLISTO ist von den vier großen Monden am weitesten weg von Jupiter. Er ist ebenfalls größer als unser Mond, aber etwas kleiner als Ganymed. In rund 17 Tagen kreist er um Jupiter. Auch Kallisto hat eine enorme Eiskruste. Sie ist besonders dreckig und daher dunkel. Seine Oberfläche ist mit Einschlagkratern übersät. Die Forscher vermuten auch unter den dicken Eisoberflächen von Ganymed und Kallisto Ozeane aus Salzwasser. Vielleicht fliegen eines Tages Menschen dorthin, um sie zu erkunden!

So könnte eine Landestation auf Kallisto aussehen.

SONNE UND PLANETENSYSTEM
SATURN

SATURN ist der schönste Planet im ganzen Sonnensystem. Er hat einen hellen Ring, der um ihn herum zu schweben scheint. Wer Saturn einmal im Fernrohr gesehen hat, wird diesen fantastischen Anblick nie mehr vergessen! Saturn ist nach Jupiter der zweitgrößte Planet. Er zählt zu den vier Gasplaneten und kreist jenseits von Jupiter um die Sonne. Die Abstände sind hier riesig: Saturn ist fast doppelt so weit von der Sonne entfernt wie Jupiter. Seinen Namen trägt der Planet nach dem römischen Gott der Ernte und des Reichtums. Er war der Vater von Jupiter.

Größenvergleich Saturn – Erde

DURCHMESSER:
121.000 Kilometer, fast zehnmal so groß wie die Erde

MASSE:
fast 100-mal so schwer wie die Erde

ENTFERNUNG VON DER ERDE:
zwischen 1.200 und 1.700 Millionen Kilometer: ein ✈ braucht mindestens 150 Jahre dorthin, ein 🚀 mit Lichtgeschwindigkeit etwas mehr als eine Stunde

UMLAUFGESCHWINDIGKEIT UM DIE SONNE:
35.000 Stundenkilometer

TEMPERATUR AN DER OBERFLÄCHE:
minus 139 Grad

EINE SATURNDREHUNG:
etwas mehr als zehneinhalb Stunden

EIN SATURNUMLAUF:
fast 30 Jahre

MONDE:
mindestens 62

AKTUELLSTE RAUMSONDE:
Cassini (2004–2017)

ASTRONOMISCHES SYMBOL:
♄, es steht für die Sense, die der römische Gott Saturn mit sich trug

WIE JUPITER und die Sonne besteht Saturn hauptsächlich aus dem leichtesten Gas Wasserstoff. Er enthält auch Helium, aber weniger als die anderen. Saturn ist etwas kleiner als Jupiter, der Aufbau ist ähnlich. Saturns äußere Wolkenhülle erscheint gelblich braun, außerdem sind ein paar dunklere Streifen zu erkennen. Die Streifen sind lange nicht so deutlich wie bei Jupiter, sie werden durch eine Dunstschicht abgeschwächt. Auf Saturn herrscht eine Eiseskälte: Es sind rund minus 140 Grad.

SCHWIMMEN könnte nur Saturn! Würde man alle Planeten des Sonnensystems in ein gigantisches Schwimmbecken werfen, würden alle Planeten außer Saturn untergehen. Saturn ist zwar sehr groß, aber das Gasgemisch, aus dem er besteht, ist leichter als Wasser. Saturn wäre also ein riesiger Wasserball.

WIE EIN EI sieht Saturn aus. Auch er dreht sich sehr schnell: Für eine Umdrehung braucht er nur eine Dreiviertelstunde länger als Jupiter. Weil seine Bestandteile so leicht sind, werden sie durch die schnelle Drehung besonders stark nach außen gedrückt. Saturn ist deshalb in seiner Mitte deutlich breiter als zwischen den Polen und sieht aus wie ein liegendes Ei. Eine Abplattung gibt es bei den anderen Planeten zwar auch, bei Saturn ist sie aber am größten.

DAS WETTER ist auf Saturn meist ruhig. Ab und zu toben aber auch enorme Stürme in seiner Gashülle. Die Forscher nennen solche Stürme „Große Weiße Flecken" (ähnlich wie Jupiters Großen Roten Fleck). Zuletzt haben sie im Jahr 2011 einen Riesensturm mit der Raumsonde Cassini beobachtet. Sie hat Saturn 13 Jahre lang aus der Nähe untersucht. Der Sturm dauerte monatelang und war achtmal so groß wie die Erdoberfläche. Begleitet wurde er von gewaltigen Gewittern. Zehn Blitze zuckten damals in jeder Sekunde über den Saturnhimmel. Sie waren 10.000-mal stärker als alle Blitze, die wir kennen.

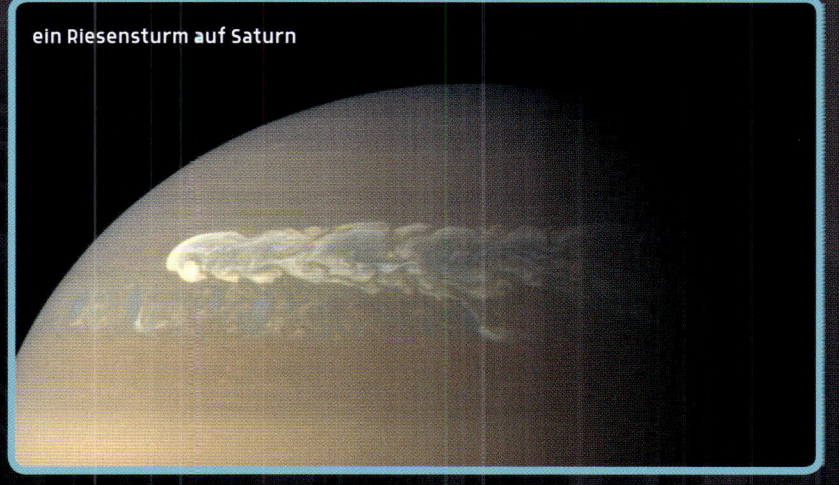

ein Riesensturm auf Saturn

DIE MONSTERSTÜRME scheinen mit den Jahreszeiten auf Saturn zusammenzuhängen. Anders als bei Jupiter sind sie auf Saturn recht ausgeprägt. Die Planetenachse ist sogar noch etwas stärker geneigt als die der Erde. Die Stürme bilden sich hauptsächlich zu Beginn des Saturnsommers. Da ein Saturnjahr so lang ist, kommt das aber nur alle 30 Jahre vor.

die Raumsonde Cassini

EIN SELTSAMES WOLKENGEBILDE haben die Astronomen auch über dem Nordpol von Saturn entdeckt: Es ist sechseckig und zweimal so breit wie unsere Erde. Das riesige Sechseck existiert seit mindestens 35 Jahren und konnte mit den Voyager-Raumsonden und mit Cassini beobachtet werden. In seiner Mitte tobt ein Wirbelwind. Die stärksten Winde auf Saturn wehen aber am Äquator. Dort wurden Windgeschwindigkeiten von 1 800 Stundenkilometern gemessen. Das ist achtmal stärker als ein Hurrikan auf der Erde und dreimal so stark wie die Winde auf Jupiter!

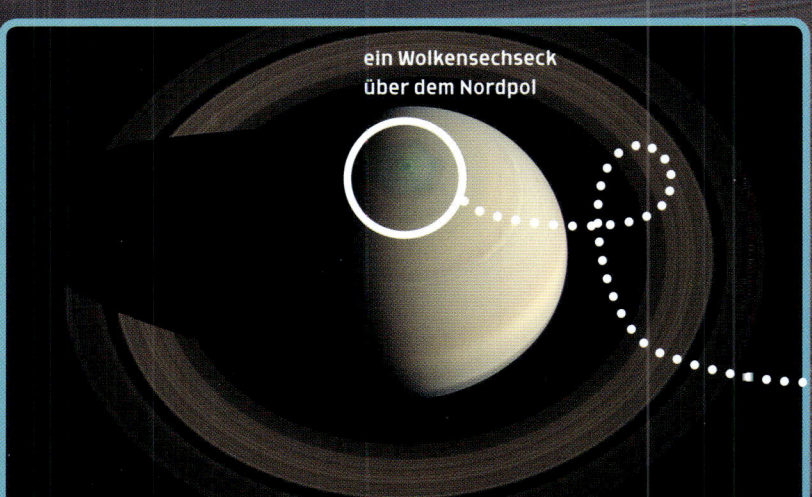

ein Wolkensechseck über dem Nordpol

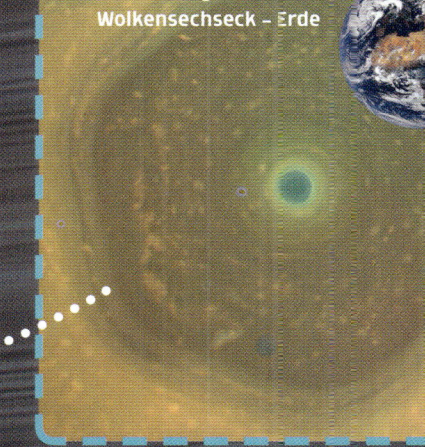

Größenvergleich Wolkensechseck – Erde

SONNE UND PLANETENSYSTEM
DER SATURNRING UND DIE MONDE

DER SATURNRING

ist kein fester Ring! Er besteht aus Milliarden von einzelnen Eis- und Gesteinsbrocken. Alle kreisen um Saturn. Die meisten sind ungefähr so groß wie ein Radiergummi. Es gibt aber auch Brocken, die so groß wie ein Haus sind, und viele winzige Staubkörner. Der Ring ist sehr hell, weil die Teilchen mit Eis überzogen sind. Im Ringsystem gibt es auch dunkle Lücken und einige Monde. Der größte Saturnmond bewegt sich weit außerhalb des Rings. Er heißt Titan.

DURCHMESSER DES SATURNRINGS:
270.000 Kilometer, das ist ungefähr 20-mal so groß wie die Erde

DICKE:
zehn Meter bis ein Kilometer, also ganz dünn!

MASSE:
2.000-mal weniger als unser Mond

ENTFERNUNG VON SATURN:
zwischen 7.000 und 70.000 Kilometer, das ist viel näher als unser Mond

WIE EINE SCHALLPLATTE sieht der Saturnring mit seinen schwarzen Rillen aus. Die Lücken teilen ihn in über 100.000 Einzelringe. Die helleren Ringbereiche enthalten mehr Teilchen oder mehr Eis als die dunkleren. Die Lücken werden durch die Schwerkraft der Saturnmonde erzeugt. Einige kleine Monde laufen am Rand eines Einzelrings. Man nennt sie „Hirtenmonde". Sie halten den Ring zusammen wie ein Hirte, der auf seine Herde aufpasst.

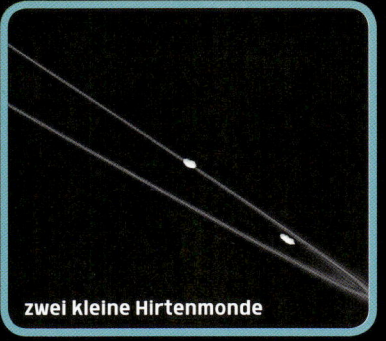

zwei kleine Hirtenmonde

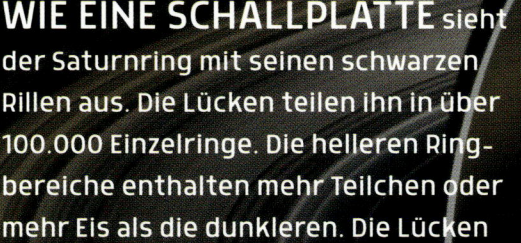

WOHER hat Saturn eigentlich seinen Ring? Das wissen die Forscher bis heute nicht genau. Vielleicht ist ein Mond dem großen Planeten zu nahe gekommen und durch dessen Schwerkraft in viele Teile zerrissen worden. Oder ein Mond ist bei einem Zusammenstoß mit einem anderen Körper zerbrochen. Die Einzelteile könnten heute als Ring um Saturn schwirren. Es kann aber auch sein, dass sich der Ring gemeinsam mit dem Planeten gebildet hat.

RINGPLANET – so nennt man Saturn auch. Er ist der einzige Planet mit einem hellen Ring. Der Ring ist riesengroß. Könnte man Saturn zwischen Erde und Mond setzen, so würde der Ring fast den ganzen Platz von der Erde bis zum Mond ausfüllen. Gleichzeitig ist der Ring extrem dünn. Wenn man ihn auf die Größe eines Fußballstadions verkleinern könnte, wäre er dünner als ein Blatt Papier!

DURCHMESSER DES MONDES TITAN:
5.200 Kilometer (deutlich größer als unser Mond)

MASSE:
fast doppelt so schwer wie unser Mond

ENTFERNUNG VON SATURN:
etwas mehr als eine Million Kilometer, das ist dreimal so weit weg wie unser Mond

UMLAUFGESCHWINDIGKEIT UM SATURN:
20.000 Stundenkilometer, das ist mehr als fünfmal so schnell wie unser Mond

TEMPERATUR AN DER OBERFLÄCHE:
minus 180 Grad

EIN UMLAUF UM SATURN:
fast 16 Tage

der Saturnmond Titan

die Landung der Raumsonde Huygens

DER GRÖSSTE MOND von Saturn heißt Titan. Er ist nach dem Jupitermond Ganymed der zweitgrößte Mond im Sonnensystem. Titan besitzt eine dichte Lufthülle. Das ist für einen Mond sehr ungewöhnlich! Sie ist undurchsichtig und schimmert orange. Wir könnten die Luft nicht atmen, weil es darin keinen Sauerstoff gibt. Die Luft auf Titan enthält aber viel Stickstoff, der auch bei uns vorkommt. Die Forscher glauben, dass Titan ähnlich ist, wie die Erde früher einmal war.

DIE OBERFLÄCHE von Titan wurde von der Raumsonde Cassini mit Radarstrahlen und anderen Messungen abgetastet. So konnten die Forscher durch die Wolkenschicht schauen. Gefunden haben sie Gebirge, Dünen und sogar Flüsse und Seen. Sie enthalten aber kein Wasser, sondern flüssiges Methan. Bei uns ist dieser Stoff ein Gas. Man nennt es Erdgas. Die kleine Sonde Huygens ist sogar mit einem Fallschirm auf Titan gelandet. An ihrem Landeplatz lagen eisige Brocken unter einem orangefarbenen Himmel.

ein Foto vom Landeplatz

Enceladus

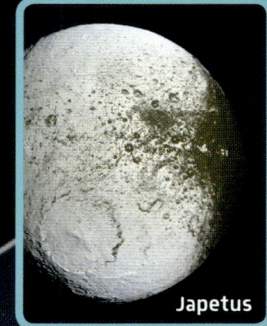
Japetus

Hyperion

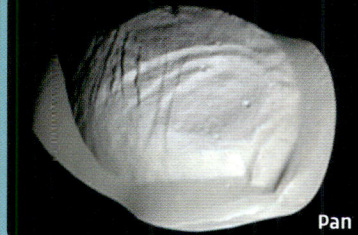
Pan

DIE ANDEREN MONDE von Saturn sind viel kleiner als der riesige Titan. Einer ist der helle Eismond Enceladus. Er schießt Fontänen aus Wassereis bis in 500 Kilometer Höhe. Ein großer Teil davon verteilt sich als neue Bröckchen im Saturnring. Andere Monde sind seltsam gefärbt oder haben lustige Formen. Japetus zum Beispiel hat eine helle Eisseite und eine dunkle Schmutzseite. Der kleine Hyperion sieht aus wie ein Schwamm. Und der winzige Pan hat Ähnlichkeit mit einer fliegenden Untertasse.

SONNE UND PLANETENSYSTEM
URANUS

URANUS und Neptun sind die beiden äußeren Gasplaneten. Die beiden Planeten wirken fast wie Zwillinge. Beide sind viel kleiner als Jupiter und Saturn. Sie sind nur etwa halb so groß wie Saturn. Im Vergleich zu unserer Erde sind sie aber immer noch riesig. Die beiden Planeten sind so weit von der Sonne entfernt, dass es dort extrem kalt ist: ungefähr minus 200 Grad. Man nennt sie auch Eisriesen.

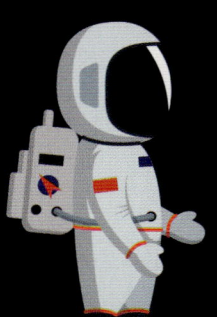

DURCHMESSER:
51.000 Kilometer, viermal so groß wie die Erde, fast dreimal kleiner als Jupiter

MASSE:
15-mal so schwer wie die Erde, 20-mal leichter als Jupiter

ENTFERNUNG VON DER ERDE:
zwischen 2.600 und 3.200 Millionen Kilometer: ein ✈ braucht mindestens 330 Jahre dorthin, ein 🚀 mit Lichtgeschwindigkeit fast zweieinhalb Stunden

UMLAUFGESCHWINDIGKEIT UM DIE SONNE:
25.000 Stundenkilometer

TEMPERATUR AN DER OBERFLÄCHE:
minus 197 Grad

EINE URANUSDREHUNG:
mehr als 17 Stunden

EIN URANUSUMLAUF:
84 Jahre

MONDE:
mindestens 27

AKTUELLSTE RAUMSONDE:
Voyager 2 (1986)

ASTRONOMISCHES SYMBOL:
♅, der griechische Gott Uranus war so mächtig wie Sonne ☉ und Mars ♂ zusammen

ALLE VIER GASPLANETEN besitzen Ringe aus Gestein, Eis und Staub. So viel wissen die Forscher inzwischen. Aber nur der Saturnring ist leuchtend hell. Die Ringe von Jupiter, Uranus und Neptun sind dunkel.

Größenvergleich Uranus – Erde

DIE EISRIESEN Uranus und Neptun wurden bisher nur von der Raumsonde Voyager 2 besucht. Sie flog am 24. Januar 1986 an Uranus vorbei und am 25. August 1989 an Neptun. Von ihr stammen die einzigen Fotos, die wir von den Planeten aus der Nähe haben. Uranus erscheint darauf wie eine gleichmäßig grünblaue Kugel. Von der Erde aus konnten die Astronomen erst viele Jahre später gute Fotos von Uranus machen. Sie brauchten dazu sehr starke Teleskope. Damit zeigten sich sogar Wolkenbänder und Stürme.

Sie wurden im Vorbeiflug von Raumsonden fotografiert. Der Uranusring kann heute auch mit dem Weltraumteleskop Hubble und besonders leistungsfähigen Teleskopen von der Erde aus fotografiert werden.

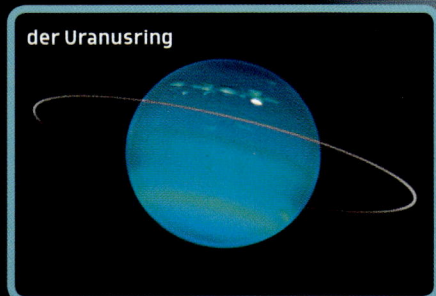

der Uranusring

DIE BLAUE FARBE von Uranus und Neptun wird von dem Gas Methan erzeugt. Beide Planeten enthalten weniger Wasserstoff als Jupiter und Saturn. Unter ihren Gashüllen bestehen sie aus flüssigem Eis. Raumsonden könnten also auch auf den Eisriesen nicht landen. Nur ganz tief im Inneren gibt es wahrscheinlich einen Kern aus Gestein.

EINEN ORDENTLICHEN STOSS muss Uranus irgendwann einmal abbekommen haben. Der Planet liegt nämlich auf der Seite. Die anderen Planeten stehen aufrecht und drehen sich wie Kreisel, während sie um die Sonne wandern. Uranus hingegen rollt wie eine Murmel vorwärts. Wahrscheinlich ist er vor Milliarden Jahren mit einem größeren Brocken zusammengestoßen und dabei zur Seite gekippt.

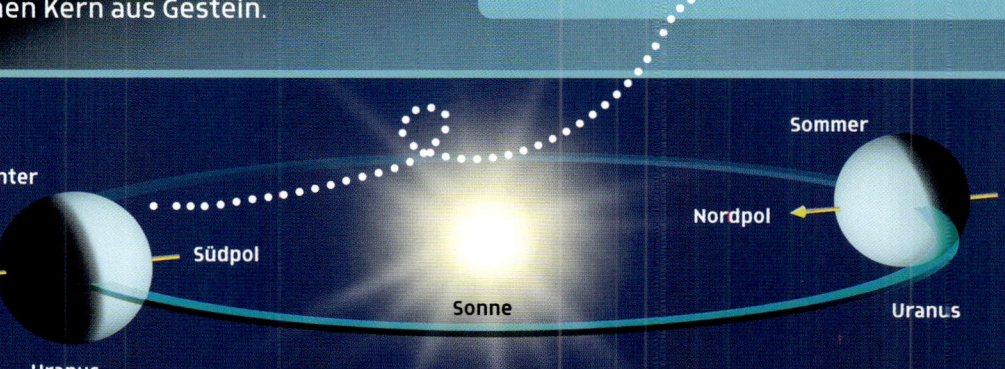

die Jahreszeiten auf Uranus

MIT EINEM FERNROHR wurde Uranus entdeckt. Damit war er der erste Planet, der nicht mit dem bloßen Auge gefunden wurde. Am 13. März 1781 sah der Astronom Friedrich Wilhelm Herschel in seinem Teleskop zufällig einen neblig leuchtenden Punkt. Im Laufe von Tagen bewegte sich dieser Punkt am Himmel. Da war klar, dass er kein Stern sein konnte. Uranus war sogar schon früher von anderen Astronomen gesehen worden. Sie hatten seine Bewegung aber nicht bemerkt und ihn für einen Stern gehalten.

WEGEN SEINER SCHIEFLAGE sind Tageslängen und Jahreszeiten auf Uranus extrem. Mal zeigt der Nordpol exakt zur Sonne, viele Jahre später der Südpol. Im Sommer scheint die Sonne 42 Jahre lang am Stück, dabei ist es aber trotzdem kalt. Im Winter herrscht 42 Jahre lang dunkle Nacht.

VIEL GRÖSSER war das Sonnensystem mit der Entdeckung von Uranus plötzlich geworden: Der neue Planet war nämlich doppelt so weit entfernt wie Saturn. Nun musste er nur noch einen Namen bekommen. Das war aber schwieriger als gedacht: Die Astronomen konnten sich erst nach ungefähr 70 Jahren auf den Namen des griechischen Gottes Uranus einigen. Er ist der Gott des Himmels, Vater von Saturn und Großvater von Jupiter.

FÜNF GROSSE MONDE hat Uranus. Die beiden größten heißen Titania und Oberon und sind halb so groß wie unser Mond. Die drei kleineren heißen Umbriel, Ariel und Miranda. Miranda hat eine stark zerklüftete Oberfläche. Es könnte sein, dass dieser Mond bei einem Zusammenstoß zerschmettert worden ist und sich danach wieder neu zusammengesetzt hat.

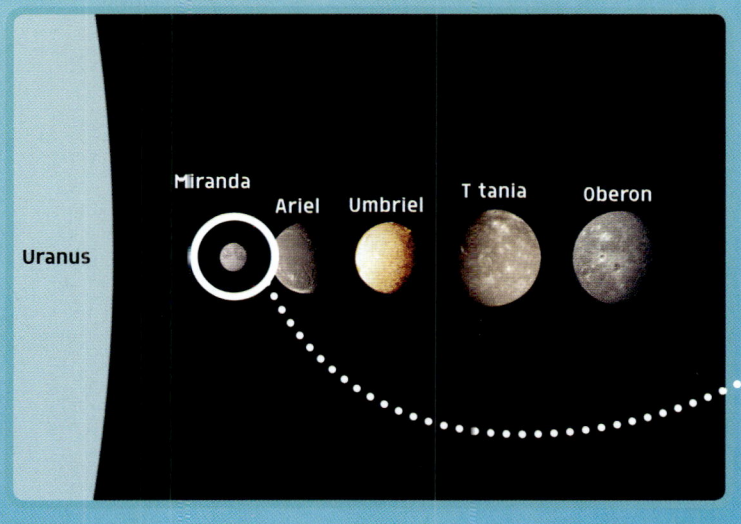

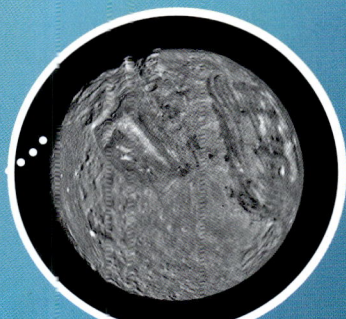

51

SONNE UND PLANETENSYSTEM
NEPTUN

NEPTUN ist der äußerste Planet und der letzte der vier Gasplaneten. Von der Sonne zu Neptun ist es 30-mal so weit wie von der Sonne zur Erde. Im Vergleich zu seinem Nachbarn Uranus ist er eineinhalbmal weiter weg. Wie Uranus wird auch Neptun als Eisriese bezeichnet. Die beiden Planeten sehen ähnlich aus, Neptuns blaue Farbe ist allerdings intensiver. Der Planet ist nach dem römischen Gott des Meeres benannt.

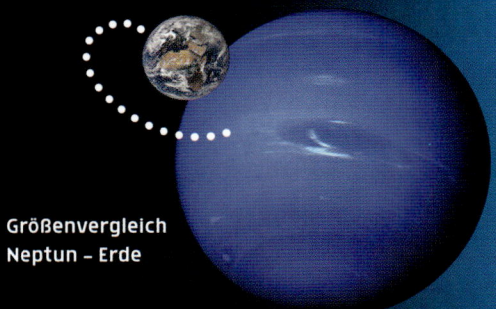
Größenvergleich Neptun – Erde

DURCHMESSER:
49.000 Kilometer, fast viermal so groß wie die Erde, fast dreimal kleiner als Jupiter

MASSE:
17-mal so schwer wie die Erde, fast 20-mal leichter als Jupiter

ENTFERNUNG VON DER ERDE:
zwischen 4.300 und 4.700 Millionen Kilometer: ein ✈ braucht mindestens 545 Jahre dorthin, ein 🚀 mit Lichtgeschwindigkeit fast vier Stunden

UMLAUFGESCHWINDIGKEIT UM DIE SONNE:
20.000 Stundenkilometer

TEMPERATUR AN DER OBERFLÄCHE:
minus 201 Grad

EINE NEPTUNDREHUNG:
ungefähr 16 Stunden

EIN NEPTUNUMLAUF:
165 Jahre

MONDE:
mindestens 14

AKTUELLSTE RAUMSONDE:
Voyager 2 (1989)

ASTRONOMISCHES SYMBOL:
♆, es steht für den Dreizack (eine Waffe), die der römische Gott Neptun mit sich trug

DIE RAUMSONDE VOYAGER 2
erreichte den Planeten Neptun dreieinhalb Jahre nach ihrem Besuch bei Uranus. Anders als auf dem eintönigen Nachbarplaneten konnte sie auf Neptun einige Wolkenmuster fotografieren. So auffällig wie bei Jupiter waren sie zwar nicht. Aber es gab hellere und dunklere Wolkenbänder und sogar weiße Eiswolken auf dem dunkelblauen Planeten. Die Forscher fanden auch kräftige Stürme. Das war überraschend. Sie hatten erwartet, dass es auf Neptun ruhig zugeht, weil es dort so kalt ist.

der Große Dunkle Fleck

EIN BERÜHMTER WIRBELSTURM
war der Große Dunkle Fleck. Er erinnerte die Astronomen an den Großen Roten Fleck auf Jupiter. Der Fleck war dunkler als seine Umgebung und an seinem Rand zeigten sich weiße Wolken. Er war so groß wie die ganze Erde. Als die Forscher den Großen Dunklen Fleck fünf Jahre später mit dem Weltraumteleskop Hubble noch einmal untersuchen wollten, war er verschwunden. Er hatte sich wohl aufgelöst. Es wurden aber immer wieder neue Stürme auf Neptun gefunden.

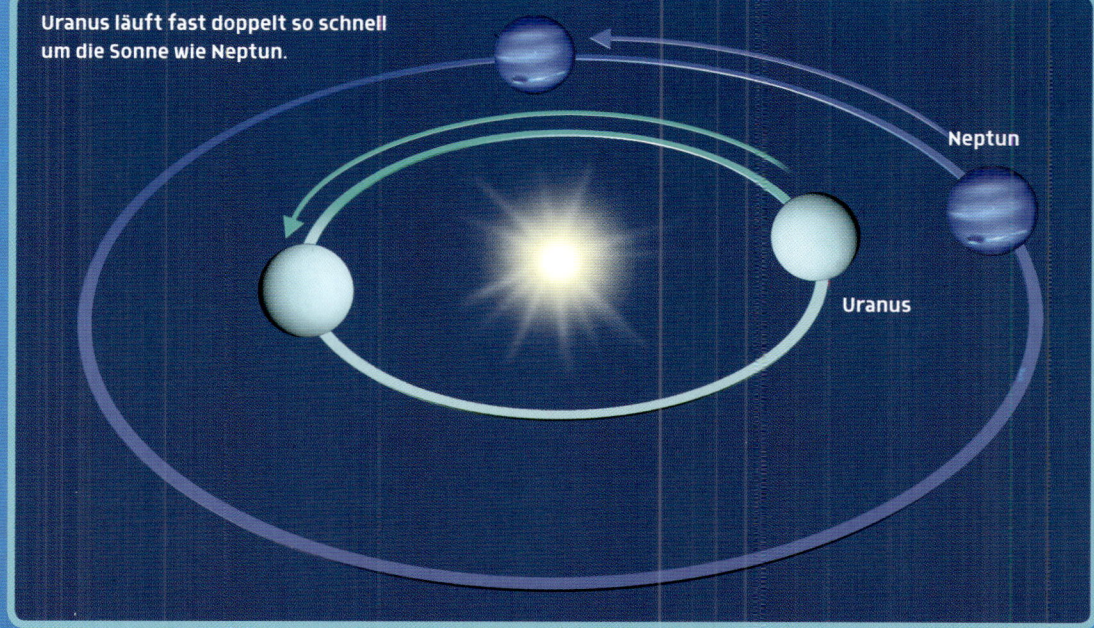

Uranus läuft fast doppelt so schnell um die Sonne wie Neptun.

Neptun

Uranus

KEIN MENSCH wird auch nur ein einziges Neptunjahr alt! Bis der äußerste Planet einmal um die Sonne gewandert und somit ein Neptunjahr vergangen ist, hat die Erde die Sonne 165-mal umrundet. Ein Neptunjahr dauert also 165 Jahre. Im Jahr 2011 hat Neptun erst den ersten Umlauf seit seiner Entdeckung 1846 vollendet. Der Nachbarplanet Uranus ist schneller. Er braucht für einen Umlauf um die Sonne „nur" ein Menschenleben lang: 84 Jahre.

ENTDECKT wurde Neptun 65 Jahre nach Uranus. Die Forscher wunderten sich damals, dass Uranus nicht exakt auf der von ihnen berechneten Bahn um die Sonne lief. Vielleicht war ja ein weiterer Planet mit seiner Schwerkraft für die Abweichungen verantwortlich? Der französische Forscher Urbain Leverrier berechnete daraufhin, wo sich dieser geheimnisvolle Planet aufhalten müsste. Und tatsächlich: Am 23. September 1846 wurde er an dieser Stelle von Johann Gottfried Galle in Berlin gefunden. Neptun ist der einzige Planet, der durch Berechnungen entdeckt wurde.

14 MONDE kreisen um Neptun. Die meisten davon sind sehr klein. Der größte Mond heißt Triton. Er hat einen Durchmesser von 2.700 Kilometern und ist damit etwas kleiner als unser Mond. Auf Triton gibt es Eisvulkane: Sie schleudern eiskaltes flüssiges Gas und Staub hoch in den Himmel. Später setzen sich diese als dunkle Flecken auf der eisigen Mondoberfläche wieder ab.

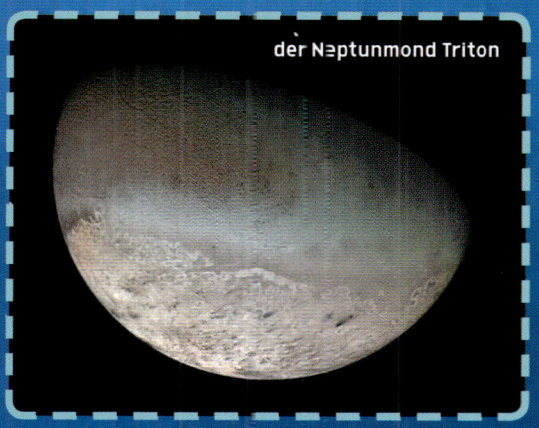

der Neptunmond Triton

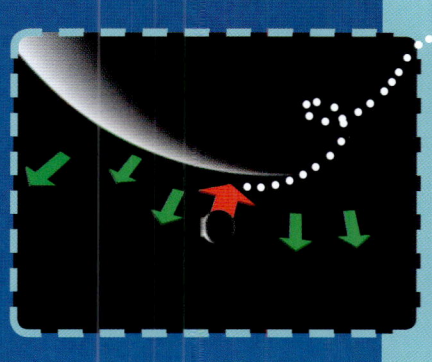

EIN GEISTERFAHRER ist Triton: Er kreist um Neptun andersherum als die meisten Monde im Sonnensystem um ihre Planeten. Seine Bahn ist zudem stark geneigt. Die Astronomen glauben deshalb, dass Triton von Neptun eingefangen wurde. Vielleicht stammt er aus dem Kuiper-Gürtel. Das ist ein Gebiet hinter Neptun mit vielen eisigen Felsbrocken.

So könnte ein Blick vom eisigen Triton auf Neptun aussehen.

DIE KRÄFTIGSTEN STÜRME im ganzen Sonnensystem toben auf Neptun. Sie rasen mit bis zu 2.100 Stundenkilometern über den Planeten. Das ist zehnmal stürmischer als ein Hurrikan auf der Erde! Und auf dem Neptunmond Triton ist es bitterkalt: Es herrschen minus 235 Grad. Das ist der kälteste Ort im ganzen Sonnensystem.

SONNE UND PLANETENSYSTEM
HINTER NEPTUN

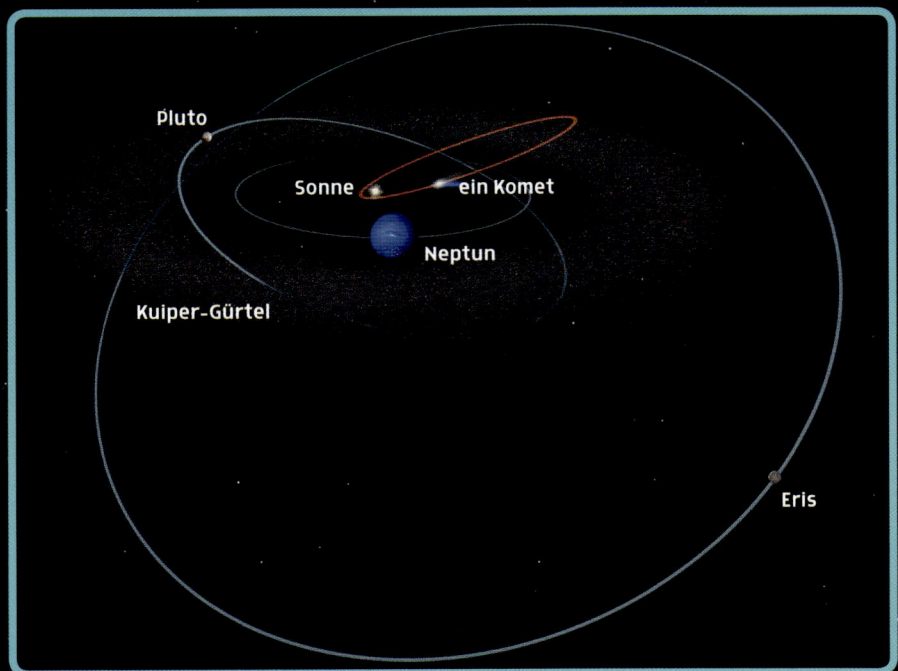

BREITE DES KUIPER-GÜRTELS:
mehr als 3.000 Millionen Kilometer, das ist 20-mal größer als der Asteroidengürtel

MASSE:
100-mal mehr als der Asteroidengürtel, fünfmal so viel wie unser Mond

ANZAHL DER BROCKEN:
wahrscheinlich mehr als 1.000 Milliarden

GRÖSSE DER BROCKEN:
sehr klein bis rund 2.500 Kilometer

ENTFERNUNG VON DER ERDE:
zwischen 4.500 und mehr als 7.500 Millionen Kilometer: ein ✈ braucht mindestens 570 Jahre dorthin, ein 💫 mit Lichtgeschwindigkeit etwas mehr als vier Stunden

AKTUELLSTE RAUMSONDE:
New Horizons (seit 2015)

EISIGE FELSBROCKEN
kreisen hinter Neptun um die Sonne. Man nennt dieses Gebiet Kuiper-Gürtel. Die Brocken bestehen aus Eis, Gestein und Staub. Da sie klein und sehr weit weg sind, haben die Astronomen sie lange nicht entdeckt. Mit modernen Teleskopen konnten sie aber mehr als 2.000 aufspüren, und sie finden immer neue. Die meisten Klumpen sind unregelmäßig geformt. Es gibt aber auch größere, runde Zwergplaneten. Der größte von ihnen ist Pluto.

PLUTO wurde im Jahr 1930 von dem Amerikaner Clyde Tombaugh entdeckt. 76 Jahre lang zählte er zunächst als Planet. Pluto passte aber nie richtig zu den anderen Planeten: Er ist sehr klein und seine Umlaufbahn um die Sonne ist als einzige lang gestreckt und gekippt.

Ab dem Jahr 1992 fanden die Forscher im Kuiper-Gürtel weitere Brocken. Pluto kreist also nicht allein auf seiner Bahn! 2005 wurde schließlich ein rundes Objekt entdeckt, das ähnlich groß ist wie Pluto. Es wurde Eris genannt.

Größenvergleich Zwergplaneten – Mond

ERIS UND PLUTO sind mit rund 2.500 Kilometern Durchmesser fast gleich groß. Pluto ist nur wenig größer. Beide sind aber deutlich kleiner als unser Mond. Eris ist fast dreimal so weit weg wie Pluto. Ein Raumschiff mit Lichtgeschwindigkeit wäre mehr als 13 Stunden dorthin unterwegs! Trotzdem konnten die Astronomen feststellen, dass Eris von einem kleinen Mond umkreist wird. Er ist ungefähr hundert Kilometer groß und heißt Dysnomia. Es gibt auch andere Brocken mit Monden.

EINE ENTSCHEIDUNG musste nun getroffen werden: Sollte auch Eris als Planet gelten und die Schar der Planeten womöglich immer weiter wachsen? Die meisten Astronomen waren dagegen. Pluto und Eris werden daher seit dem Jahr 2006 als Zwergplaneten bezeichnet. Zwei andere, kleinere Zwergplaneten im Kuiper-Gürtel heißen Makemake und Haumea. Makemake ist rötlich und Haumea ist länglich. Beide werden von kleinen Monden umkreist. Sicher gibt es noch weitere Zwergplaneten.

Makemake

Haumea

IM KUIPER-GÜRTEL kreisen außer den Zwergplaneten viele dunkle Steinbrocken. Die meisten sind deutlich kleiner als Pluto und Eris. Die Forscher glauben, dass es dort Milliarden von Klumpen aus Fels und Eis gibt. Von hier stammen einige der Kometen, die man ab und zu bei uns am Himmel beobachten kann. Durch die Schwerkraft der großen Gasplaneten können sie Richtung Sonne und Erde gelenkt werden. Wie die Asteroiden zwischen Mars und Jupiter sind sie Reste aus der Frühzeit unseres Sonnensystems.

NEW HORIZONS („neue Horizonte") heißt die erste Raumsonde, die Pluto und den Kuiper-Gürtel besucht hat. Gestartet wurde sie im Januar 2006. Sie war fast zehn Jahre lang unterwegs. Die Sonde hat uns fantastische Nahaufnahmen von Pluto geschickt. Danach machte sich New Horizons auf den Weg zu einem 35 Kilometer großen Brocken im Kuiper-Gürtel. Er heißt Ultima Thule und sieht aus wie ein rötlicher Schneemann. Die Astronomen möchten ihn erforschen, um mehr über die Entstehung unseres Sonnensystems zu erfahren.

Ultima Thule

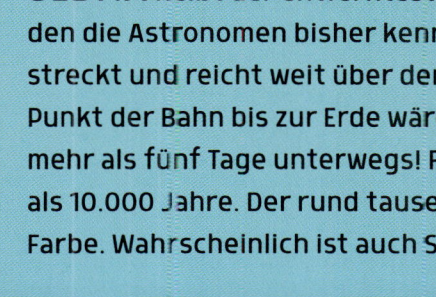
Sedna

SEDNA heißt der entfernteste größere Brocken im ganzen Sonnensystem, den die Astronomen bisher kennen. Seine Umlaufbahn ist extrem lang gestreckt und reicht weit über den Kuiper-Gürtel hinaus. Vom entferntesten Punkt der Bahn bis zur Erde wäre ein Raumschiff mit Lichtgeschwindigkeit mehr als fünf Tage unterwegs! Für einen Sonnenumlauf braucht Sedna mehr als 10.000 Jahre. Der rund tausend Kilometer große Brocken hat eine rötliche Farbe. Wahrscheinlich ist auch Sedna ein Zwergplanet.

die Umlaufbahn von Sedna um die Sonne

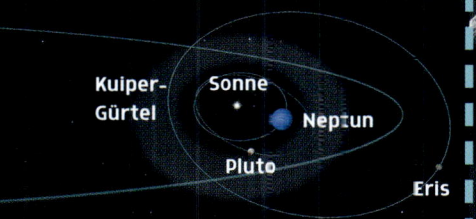

SONNE UND PLANETENSYSTEM
PLUTO

PLUTO ist der größte und hellste Brocken im Kuiper-Gürtel. Der Zwergplanet besteht aus Eis und Gestein und kreist gemeinsam mit vielen anderen Eisklumpen um die Sonne. Die Forscher kennen Pluto schon sehr lange. Weil er so weit weg ist, können sie aber selbst mit dem Weltraumteleskop Hubble keine scharfen Fotos von ihm machen. Daher haben sie die Raumsonde New Horizons hingeschickt. New Horizons hat Pluto im Jahr 2015 fünf Monate lang untersucht und großartige Fotos gemacht.

DURCHMESSER:
2.400 Kilometer, eineinhalbmal kleiner als unser Mond, fünfmal kleiner als die Erde

MASSE:
sechsmal leichter als der Mond

ENTFERNUNG VON DER ERDE:
zwischen 4.300 und 7.400 Millionen Kilometer: ein ✈ braucht mindestens 545 Jahre dorthin, ein 🚀 mit Lichtgeschwindigkeit fast vier Stunden

UMLAUFGESCHWINDIGKEIT UM DIE SONNE:
17.000 Stundenkilometer

TEMPERATUR AN DER OBERFLÄCHE:
minus 230 Grad

EINE PLUTODREHUNG:
sechseinhalb Tage

EIN PLUTOUMLAUF:
fast 250 Jahre

MONDE:
mindestens fünf

AKTUELLSTE RAUMSONDE:
New Horizons (2015)

ASTRONOMISCHES SYMBOL:
♇, es steht für die Buchstaben P und L: für Pluto und zu Ehren des Amerikaners Percival Lowell. In seinem Observatorium wurde Pluto entdeckt.

ein New Horizons-Bild von Pluto

KALT UND DUNKEL ist es auf Pluto. Unsere Sonne ist dort nur noch ein heller Stern. Pluto braucht für einen einzigen Sonnenumlauf fast 250 Jahre. Eine Zeitlang kommt er uns dabei näher als der Planet Neptun. Das war zum Beispiel zwischen 1979 und 1999 so.

Mit seiner gewaltigen Schwerkraft hat Neptun einen großen Einfluss auf Pluto. Während Neptun dreimal um die Sonne wandert, umkreist sie der kleine Pluto genau zweimal. Sie befinden sich aber niemals am selben Ort und können deswegen auch nicht zusammenstoßen.

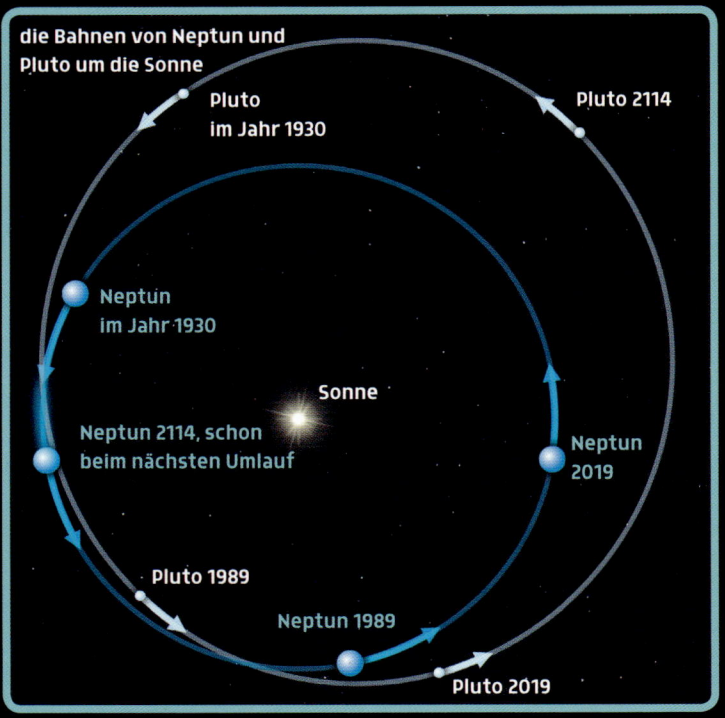
die Bahnen von Neptun und Pluto um die Sonne

FARBIG und unterschiedlich hell ist Plutos Oberfläche. Die rötlichen Bereiche enthalten andere Stoffe als die weißen. Überall sind es eiskalte minus 230 Grad. Deswegen ist alles tiefgefroren. Auf dem Foto erkennt man glatte Flächen, aber auch Einschlagkrater und Berge. Eine sehr dünne Lufthülle umgibt den Zwergplaneten. Atmen kann man die Luft nicht, denn sie enthält keinen Sauerstoff.

EIN GROSSES HERZ erkennt man auf dem Bild der Raumsonde New Horizons. Es sieht gerade so aus, als hätte Pluto wirklich ein Herz! Dieses helle Gebiet ist sehr glatt. Es hat viel weniger Krater und Risse als die Umgebung. Die Forscher glauben, dass hier früher ein großer Meteorit eingeschlagen sein könnte. Der Einschlagkrater hat sich wahrscheinlich mit Flüssigkeit aus dem Untergrund gefüllt. Der See ist dann zu einer großen Eisfläche gefroren.

FÜNF MONDE haben die Astronomen um Pluto herum entdeckt. Der größte Mond heißt Charon. Da Pluto nach dem römischen Gott der Unterwelt benannt ist, trägt Charon dazu passend den Namen eines Fährmanns. Dieser begleitete bei den Griechen die Toten über einen Fluss in Plutos Unterwelt. Charon wurde 1978 gefunden. Außer ihm haben die Astronomen vier weitere Plutomonde gesichtet: Sie heißen Nix, Hydra, Kerberos und Styx. Alle vier sind sehr klein und haben Durchmesser zwischen fünf und 50 Kilometern.

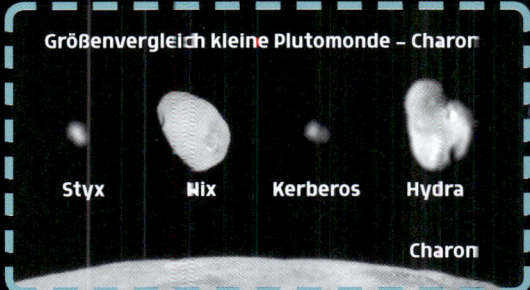

Größenvergleich Charon - Pluto (unten)

So könnte Charon am Himmel über Pluto aussehen.

CHARON ist für einen Mond extrem groß. Er ist halb so groß wie Pluto selbst! Die Astronomen bezeichnen Pluto und Charon deswegen manchmal als Doppelzwergplanet. Beide wenden sich immer dieselbe Seite zu. Von Plutos Rückseite aus kann man Charon also niemals sehen. Weil er so nahe ist, wirkt Charon am Plutohimmel siebenmal so groß wie unser Mond. Vielleicht ist Charon bei einem gewaltigen Zusammenstoß von Pluto mit einem großen Brocken aus dem Kuiper-Gürtel entstanden.

PLUTOS NAME hat sich ein elfjähriges Mädchen ausgedacht. Nach der Entdeckung von Pluto im Jahr 1930 baten die Astronomen um Vorschläge für einen Namen. Die kleine Engländerin Venetia Burney hörte dies von ihrem Großvater und schlug den Namen Pluto vor. Der Opa fand, dass der Gott der Unterwelt gut zu einem so kalten und dunklen Ort passte. Deshalb erzählte er einem befreundeten Astronomen davon. Dieser reichte den Namensvorschlag ein und – er wurde genommen!

SONNE UND PLANETENSYSTEM
KOMETEN

HELLE KOMETEN am Himmel sind selten. Sie sehen aus wie neblige Sterne mit Schweif. Nach ein paar Tagen oder Wochen verschwinden sie wieder. Früher hatten die Menschen Angst vor Kometen, weil sie ganz plötzlich auftauchen. Heute wissen wir, dass sie kein Unglück bringen. Jedes Jahr stehen mehrere Kometen am Himmel. Viele sind nur mit einem Fernrohr zu sehen. Manche Kometen kommen Jahre später wieder. Andere tauchen erst nach Jahrtausenden wieder auf oder verschwinden endgültig in den Tiefen des Alls.

DURCHMESSER DER OORTSCHEN WOLKE:
mehr als 30.000 Milliarden Kilometer, das ist mehr als 3000-mal der Durchmesser der Neptunbahn!

MASSE:
mindestens fünfmal so viel wie die Erde

ANZAHL DER BROCKEN:
wahrscheinlich viele Milliarden

ENTFERNUNG VON DER ERDE:
zwischen 300 Milliarden und 15.000 Milliarden Kilometer, 2000-mal weiter weg als der Kuiper-Gürtel: ein ✈ braucht mindestens 40.000 Jahre dorthin, ein 🚀 mit Lichtgeschwindigkeit rund zwölf Tage. Bis zum Außenrand der Wolke wäre das Raumschiff ein-einhalb Jahre unterwegs!

AUS DER OORTSCHEN WOLKE stammen wahrscheinlich viele Kometen mit langen Umlaufzeiten. Die Astronomen glauben, dass diese Ansammlung von Kometen unser Sonnensystem in riesiger Entfernung wie eine gigantische Hülle umgibt. Gesehen hat die Oortsche Wolke noch niemand. Sie ist viel zu weit weg. Durch die Schwerkraft der großen Planeten oder von anderen Sternen können die Kometen aus diesen eisigen Tiefen auf Sonnenkurs gelenkt werden. Sie haben dann lange, eiförmige Umlaufbahnen.

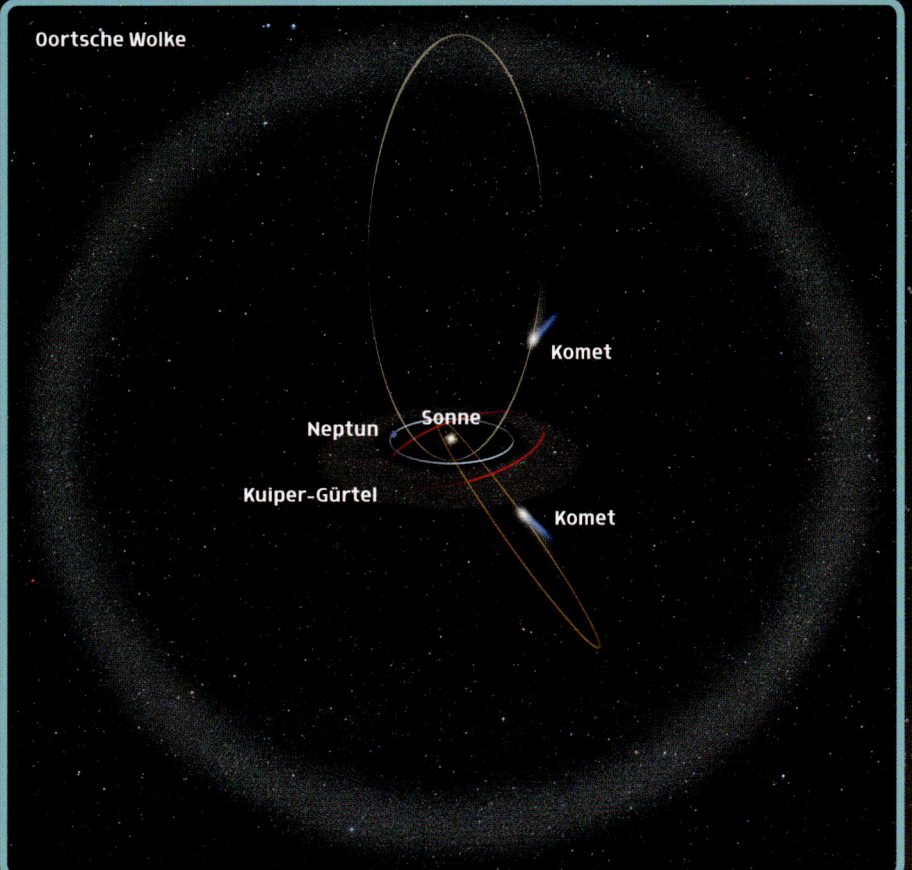

KOMETEN bestehen aus lockerem Gestein, Eis und Staub. Man nennt sie manchmal auch schmutzige Schneebälle. Meist sind sie nur wenige Kilometer groß, ähnlich wie eine Stadt. So lange ein Komet weit weg von der Sonne ist, ist er dunkel und unauffällig. In Sonnennähe verdampft das Eis des Kometen. Dabei reißt es Staubteilchen mit. So bildet sich der Kometenschweif.

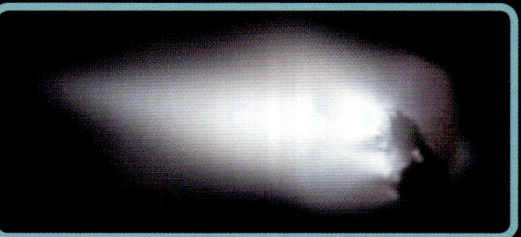

BESONDERS VIELE STERNSCHNUPPEN kann man jedes Jahr im August am Himmel aufleuchten sehen. Sie werden von kleinen Staubteilchen erzeugt, die ein Komet auf seiner Bahn zurückgelassen hat. Wenn die Erde bei ihrem Umlauf um die Sonne eine solche Staubspur kreuzt, treffen viele Teilchen mit großer Geschwindigkeit auf ihre Lufthülle. Dann leuchten Sternschnuppen auf.

HALE-BOPP hieß einer der schönsten Kometen. Er hatte einen prächtigen Schweif, der über hundert Millionen Kilometer lang war. Der Komet war 1996 und 1997 eineinhalb Jahre lang mit dem bloßen Auge sichtbar. In rund 2.500 Jahren wird er wiederkehren. Der berühmteste Komet mit einer kürzeren Umlaufzeit heißt Halley. Er tauchte zuletzt 1986 auf. Halley wird nach etwa 75 Jahren wiederkehren, also um das Jahr 2061 herum. Er stammt wahrscheinlich aus dem Kuiper-Gürtel.

Hale-Bopp

Halley

EIN KOMETENSCHWEIF besteht genau genommen aus zwei Teilen: einem bläulichen Gasschweif und einem gelblichen Staubschweif. Die Teilchen im Gasschweif werden von der Sonnenstrahlung zum eigenen Leuchten angeregt und schimmern bläulich. Der Gasschweif zeigt immer genau von der Sonne weg. Die Staubteilchen hingegen werfen das gelbliche Sonnenlicht nur zurück. Der Staubschweif ist leicht gekrümmt. Obwohl ein Komet selbst sehr klein ist, kann sein Schweif viele Millionen Kilometer lang werden!

RAUMSONDEN haben weitere Kometen untersucht. Die Sonde Deep Impact ließ 2005 einen fast 400 Kilogramm schweren Metallklotz auf den Kometen Tempel 1 einschlagen. Der Klotz explodierte und die Astronomen untersuchten die entstandene Staubwolke. Sie wollten erfahren, aus welchen Stoffen Kometen bestehen. Die Raumsonde Rosetta umkreiste ab 2014 zwei Jahre lang den Kometen Tschurjumow-Gerassimenko. Sie machte fantastische Fotos von seiner Oberfläche. Rosetta setzte sogar ein Landegerät auf ihm ab.

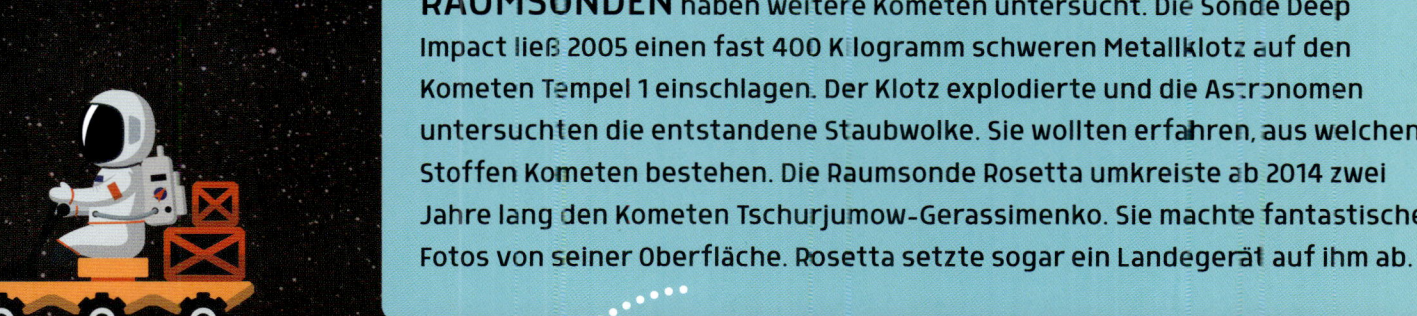

Tschurjumow-Gerassimenko

Tempel 1

SONNE UND PLANETENSYSTEM

ANFANG UND ENDE

SONNE UND PLANETEN hat es nicht immer schon gegeben. Unser Sonnensystem ist vor ungefähr viereinhalb Milliarden Jahren entstanden. Das ist extrem lange her. Aus einer Wolke aus Gas und Staub haben sich zuerst die Sonne und dann die Planeten gebildet. Damals ging es turbulent zu und es gab viele Zusammenstöße. Heute ist es ruhiger. Aber die Ruhe wird nicht ewig andauern. In fünf Milliarden Jahren geht das Leben unserer Sonne zu Ende.

HEUTE besteht das Sonnensystem aus der Sonne und den acht Planeten Merkur, Venus, Erde, Mars, Jupiter, Saturn, Uranus und Neptun. Außer Merkur und Venus werden alle Planeten von Monden umkreist. Die inneren Planeten sind kleine Gesteinsplaneten. Die riesigen Gasplaneten befinden sich in größerer Entfernung von der Sonne. Zusammenstöße gibt es inzwischen viel weniger. Früher aber schlugen immer wieder Brocken auf die noch jungen Planeten ein. So bildeten sich viele der Krater, die man heute noch sehen kann.

ÜBRIG GEBLIEBEN sind viele kleine, unregelmäßig geformte Brocken. Sie sind die Reste aus der Entstehungszeit des Sonnensystems. Viele kreisen im Asteroidengürtel zwischen den Gesteinsplaneten und den Gasriesen. Und in den Randbezirken des Sonnensystems bilden sie den Kuiper-Gürtel hinter dem äußersten Planeten Neptun sowie die extrem weit entfernte Oortsche Wolke.

DIE KOMETEN aus dem Kuiper-Gürtel und der Oortschen Wolke haben sich seit der Entstehung unseres Sonnensystems wahrscheinlich kaum verändert. In der Nähe der Sonne sind aus solchen großen und kleinen Brocken nach und nach die Planeten entstanden. In den Außenbezirken ist aber vieles so geblieben, wie es ursprünglich war. Und weil dieser Bereich so weit weg ist von der Sonne, ist alles tiefgefroren. Deswegen interessieren sich die Forscher so sehr für diese eisigen Brocken. Mit Raumsonden können sie dort die Urmaterie unseres Sonnensystems erforschen.

ein Kometeneinschlag auf der Erde

Kometen bestehen aus Eis, Gestein und Staub.

Raumsonde zur Erforschung eines Kometen

FLÜSSIGES WASSER hat nur der Planet Erde auf seiner Oberfläche. Wasser ist die Grundlage für unser Leben. Bisher weiß aber niemand so genau, wo das viele Wasser eigentlich herkommt. Stammt es vielleicht von Kometen? Sie bestehen aus sehr viel Eis. Manche Kometen sind auf ihrem Weg um die Sonne mit der Erde zusammengestoßen. Dabei ist das Eis geschmolzen. So könnten sich die Ozeane gebildet haben. Vielleicht stammt das Wasser aber auch von eisigen Asteroiden oder aus dem Inneren der Erde.

EIN PLANETENSYSTEM hat übrigens nicht nur unsere Sonne. Die Astronomen kennen inzwischen Tausende Sterne mit Planeten in unserer Milchstraße. Um einige Sterne wurden auch ringförmige Scheiben aus Gas und Staub entdeckt. Daraus bilden sich vermutlich gerade Planetensysteme.

VIELE EINZELNE KLUMPEN formten sich aus den Resten der Wolke. Die größten Klumpen sammelten mit ihrer Schwerkraft immer mehr Staub auf. So wurden sie größer und größer. Durch zahlreiche Zusammenstöße der Brocken vereinigten sich viele von ihnen und bildeten schließlich große, runde Körper. Rund wird ein Körper, wenn er schwer genug ist und dadurch genügend Schwerkraft hat. So entstanden die Vorläufer unserer Planeten. Durch die vielen Zusammenstöße waren sie anfangs sehr heiß. Ihre Oberflächen bestanden aus flüssiger Lava.

AM ENDE wirft die Sonne ihre äußeren Gasschichten als farbenfrohen Nebel ab. Man nennt so etwas einen Planetarischen Nebel. Viele andere Sterne beenden ihr Leben auch auf diese Weise. Der ausgebrannte Sonnenrest wird zu einem kleinen, weißen Zwergstern. Er hat nun keinen Brennstoff mehr. Im Lauf von Milliarden Jahren wird er auskühlen und verblassen. Übrig bleibt ein kalter, schwarzer Zwergstern. Aber bevor das alles passiert, wird unsere Sonne noch ganz lange weiter leuchten wie bisher.

AM ANFANG waberte eine riesige, dunkle Wolke aus Gas und Staub zwischen den Sternen. Die Wolke bestand hauptsächlich aus Wasserstoff, dem leichtesten Gas, das es gibt. Durch ihre eigene Schwerkraft zog sie sich mit der Zeit zusammen. Dabei drehte sich die Wolke immer schneller – wie eine Eiskunstläuferin, die die Arme anzieht. Die Wolke wurde auch wärmer. Schließlich sah sie aus wie eine flache Scheibe mit einer kugeligen Mitte. Daraus bildete sich nach rund 50 Millionen Jahren unser leuchtender Stern, die Sonne.

IN FERNER ZUKUNFT wird das Leben der Sonne zu Ende gehen. Unser Sonnensystem hat sich zwar seit Milliarden Jahren kaum verändert, trotzdem wird es nicht so bleiben. In ein bis zwei Milliarden Jahren wird die Sonne deutlich stärker leuchten. In etwa fünf Milliarden Jahren (also ungefähr so lang, wie die Sonne jetzt schon strahlt) wird sie sich stark ausdehnen und sich zu einem hellen, roten Riesenstern entwickeln.

AUF DER ERDE wird es dann eine Rekordhitze geben. Alles vertrocknet, selbst die riesigen Ozeane verdunsten. Leben wird es dann nicht mehr geben. Die inneren Planeten Merkur und Venus werden von der wachsenden Riesensonne verschlungen. Ob dies auch das Schicksal der Erde sein wird, wissen die Forscher nicht genau. Bis dahin dauert es auch noch unvorstellbar lang! Vielleicht leben wir Menschen dann woanders – zum Beispiel auf dem Saturnmond Titan.

ÜBERSICHT
STERNE UND MILCHSTRASSE

DIE MILCHSTRASSE ist eine Galaxie im Weltall – sie ist unsere Heimatgalaxie. Sie besteht aus unvorstellbar vielen Sternen. Einer dieser Sterne ist unsere Sonne. Die Sterne werden durch die Schwerkraft zusammengehalten. In gebogenen Armen sind sie um die leuchtend helle Mitte der Galaxie angeordnet. Die Milchstraße sieht aus wie eine Spirale. Deswegen bezeichnet man sie als Spiralgalaxie. In den Spiralarmen sieht man außer Sternen auch leuchtende Gasnebel und dunklen Staub.

die Milchstraße von der Erde aus gesehen

IHREN NAMEN trägt die Milchstraße, weil sie am Himmel wie ein weiß schimmerndes Band aussieht. Es sieht ähnlich aus wie verschüttete Milch. Deswegen nannten frühere Beobachter dieses Band Milchstraße. Auch in dem Fachausdruck „Galaxie" steckt das griechische Wort für Milch. Die Forscher wissen heute, dass das schimmernde Band am Himmel der Schein sehr vieler, weit entfernter Sterne in den Spiralarmen der Milchstraße ist. Wir befinden uns ja mitten im Sterngewimmel unserer Heimatgalaxie. Daher blicken wir von innen auf ihre Spiralarme.

RIESIG GROSS ist unsere Milchstraße. Sogar das Licht ist darin lange unterwegs. Es reist von den Sternen Jahre, Jahrhunderte oder Jahrtausende bis zu uns. Ein Raumschiff mit Lichtgeschwindigkeit würde uns in der Milchstraße also nicht mehr viel nützen. Wir könnten damit nur unsere nächsten Nachbarsterne besuchen. Und schon das würde Jahre dauern. Zu allen anderen Zielen wären wir auch mit einem lichtschnellen Raumschiff länger als ein Menschenleben unterwegs.

Unsere Milchstraße besteht aus unzähligen Sternen, Gasnebeln und Staub.

SPIRAL-ARME

LEUCHTENDE GASNEBEL

STERNE

HELLE MITTE

SONNE
ENTFERNUNG VON DER MITTE DER MILCHSTRASSE:
mit Lichtgeschwindigkeit
25.000 Jahre

DUNKLER STAUB

STERNE UND MILCHSTRASSE
STERNE

MILLIARDEN STERNE gibt es allein in unserer Milchstraße. Unsere Sonne ist einer von ihnen. Viele Sterne sind ihr ähnlich. Bei den Forschern gilt die Sonne deswegen als „normaler" Stern. Sie ist nichts Besonderes, sie steht uns nur viel näher als alle anderen Sterne. Um sich andere Sterne vorstellen zu können, vergleichen die Astronomen sie immer mit der Sonne. Einige sind größer und heller. Viele sind aber auch kleiner und leuchten schwächer.

DURCHMESSER:
von zehnmal kleiner bis 2.000-mal größer als die Sonne

MASSE:
von zehnmal leichter bis über 100-mal schwerer als die Sonne

LEUCHTKRAFT:
von 10.000-mal schwächer bis 250.000-mal heller als die Sonne

FARBE:
rot, orange, gelb, weiß oder blau

TEMPERATUR AN DER OBERFLÄCHE:
von 3.000 bis 40.000 Grad, das ist halb so heiß bis siebenmal heißer als die Sonne

ENTFERNUNG VON DER ERDE:
Das Licht von den Sternen in der Milchstraße ist zwischen vier und Zehntausenden von Jahren zu uns unterwegs.

STERNE IN DER MILCHSTRASSE:
mindestens 200 Milliarden

AKTUELLSTE RAUMSONDE:
Gaia (seit 2014)
Sie hat die Positionen, Helligkeiten und Entfernungen von fast zwei Milliarden Sternen in der Milchstraße vermessen.

ZWERGE UND RIESEN gibt es unter den Sternen. Die Sonne zählt zu den kleineren Sternen. Die größten Riesensterne sind 2.000-mal so groß wie sie. Sterne haben auch unterschiedliche Farben: Einige leuchten bläulich, andere gelb und wieder andere rötlich.

Die blauen Sterne sind am heißesten: Ihre Temperatur liegt bei über 30.000 Grad. Unsere Sonne ist mit 5.500 Grad „kühler". Sie leuchtet gelb. Noch kühler sind die roten Sterne. Die kühlsten und schwächsten Sterne nennt man Rote Zwerge.

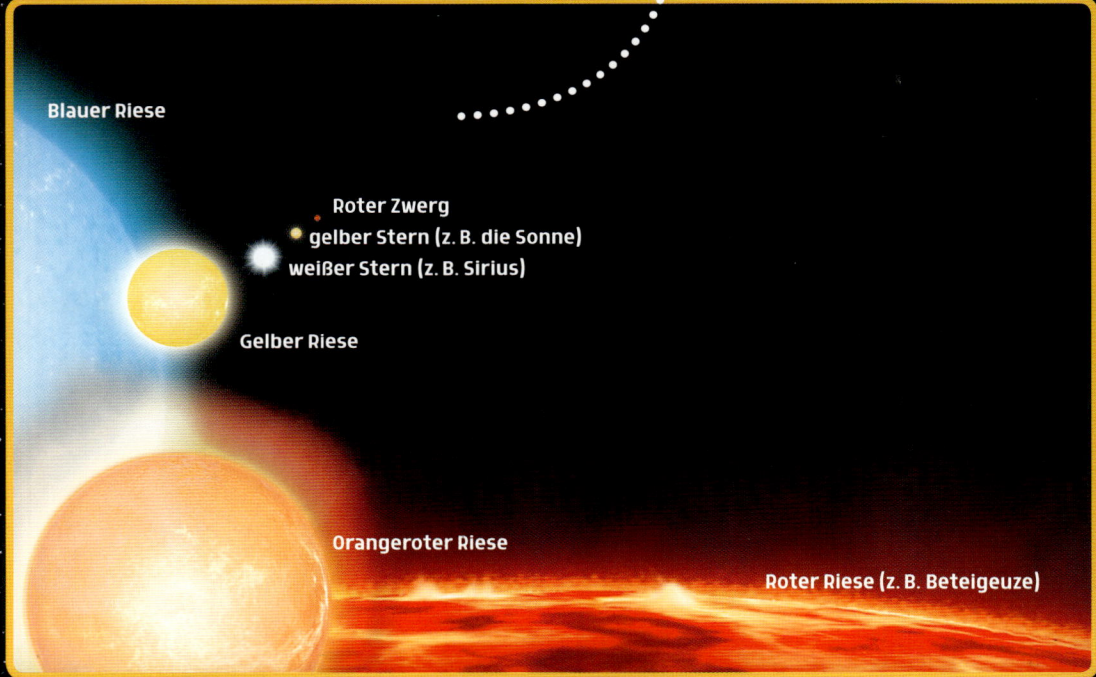

Blauer Riese
Roter Zwerg
gelber Stern (z. B. die Sonne)
weißer Stern (z. B. Sirius)
Gelber Riese
Orangeroter Riese
Roter Riese (z. B. Beteigeuze)

DIE STERNE LEUCHTEN – anders als die Planeten, die nur angeleuchtet werden. Sterne sind wie unsere Sonne riesige Kugeln aus glühend heißem Gas. Ihr Inneres ist wie ein gewaltiges Kraftwerk. Dort wird bei Temperaturen von mehreren Millionen Grad und hohem Druck Energie erzeugt. So können sie Licht und Wärme in den Weltraum abstrahlen. Dabei werden die Sterne ständig etwas leichter. Weil die großen, hellen Sternkugeln am Himmel sehr weit weg sind, erscheinen sie uns nur als kleine Punkte.

DIE HELLIGKEITEN der Sterne sind unterschiedlich. Einige leuchten sehr hell, andere sind schwach. Wie hell ein Stern am Himmel erscheint, hängt nicht nur von seiner Leuchtkraft ab. Wichtig ist auch seine Entfernung: Ist ein Stern weit weg, so erscheint er uns schwächer. Die Entfernungen der Sterne sind sehr unterschiedlich. Das Licht vom nächsten Stern braucht vier Jahre bis zu uns. Von den fernsten Sternen, die wir noch sehen können, sind es aber Tausende Jahre!

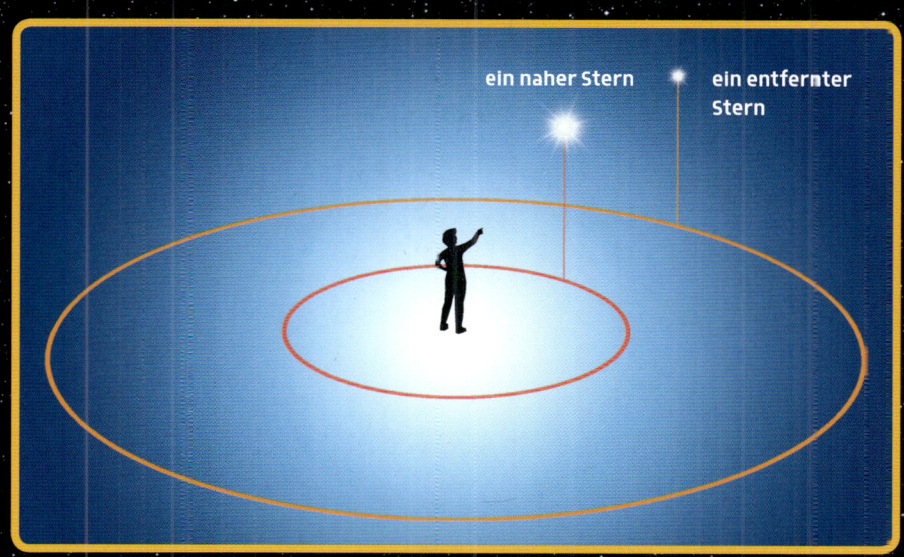

DIE ENTFERNUNG eines Sterns ist schwer zu bestimmen. Die Forscher messen dazu, ob sich der Stern im Lauf eines Jahres am Himmel leicht bewegt. In dieser Zeit wandert die Erde einmal um die Sonne. Dadurch verschiebt sich unser Blick auf den Sternenhimmel etwas und nähere Sterne bewegen sich scheinbar mehr als fernere. Ähnlich ist es, wenn du einen Arm ausstreckst und den Daumen hochhältst. Schaust du nun abwechselnd mit dem rechten und dem linken Auge (also von zwei verschiedenen Positionen) den Daumen an, so springt er hin und her. Je näher der Daumen ist, desto mehr bewegt er sich. Mit einem Stern ist es genauso!

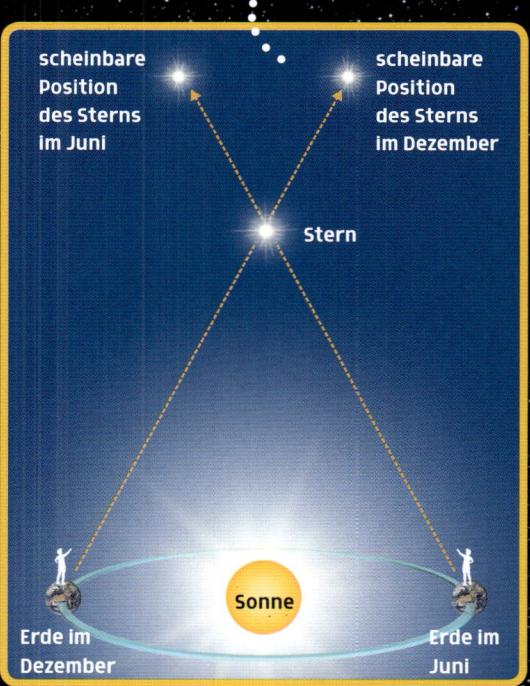

DER HELLSTE STERN am Himmel heißt Sirius. Er leuchtet 25-mal kräftiger als die Sonne. Sirius steht uns recht nahe: Sein Licht ist nur neun Jahre zu uns unterwegs. Deswegen erscheint er auch so hell. Die meisten sichtbaren Sterne sind weiter weg. Beteigeuze ist der Name eines hellen roten Riesensterns. Er leuchtet 55.000-mal heller als die Sonne. Trotzdem wirkt Beteigeuze schwächer als Sirius. Das liegt an seiner großen Entfernung. Sein Licht braucht rund 650 Jahre bis zu uns.

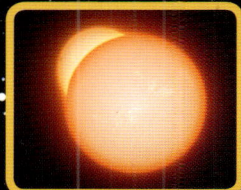

VERÄNDERLICHE nennt man Sterne, die nicht immer gleich hell sind. Sie sehen mal heller, mal dunkler aus. Bei einigen Sternen liegt das daran, dass sie Doppelsterne sind: Zwei „Sternpartner" umkreisen sich und können sich dabei gegenseitig verdecken. Das Sternlicht wird dann regelmäßig dunkler und wieder heller. Die Forscher nennen sie Bedeckungsveränderliche. Es gibt auch Sterne, die ihre Leuchtkraft wirklich verändern. Sie blähen sich auf und ziehen sich wieder zusammen. Dabei schwankt ihre Helligkeit.

STERNE UND MILCHSTRASSE

FREMDE PLANETEN

EXOPLANETEN nennt man Planeten, die um andere Sterne als die Sonne kreisen. Sie gehören nicht zu unserem Sonnensystem. Man kennt heute Tausende Exoplaneten, und es werden immer mehr entdeckt. Unsere Sonne und ihre Planeten sind im Weltall also nichts Besonderes. Die Forscher haben lange vermutet, dass sich auch um andere Sterne Planeten drehen. Exoplaneten sind aber nicht leicht zu entdecken. Die ersten wurden erst 1992 gefunden.

STERNE MIT EINEM ODER MEHREREN PLANETEN:
ungefähr 3.000 entdeckt

EXOPLANETEN:
ungefähr 4.000 entdeckt

EXOPLANETEN MIT MOND:
erst einer entdeckt

GRÖSSE DER EXOPLANETEN:
von Gesteinsplaneten wie die Erde bis zu gigantischen Gasriesen größer als Jupiter

MASSE:
von etwas weniger als die Erde bis 30-mal schwerer als Jupiter

AKTUELLSTES TELESKOP:
Tess-Weltraumteleskop (seit 2018), davor Kepler-Weltraumteleskop (2009-2018). Das Kepler-Teleskop hat fast 2.500 Exoplaneten entdeckt.

PLANETENSYSTEME um Sterne sind also normal. Ein Planetensystem, das genauso ist wie unseres, haben die Forscher bisher aber noch nicht gefunden. Viele Exoplaneten sind anders als unsere Planeten: Sie kreisen in nur wenigen Stunden eng um ihren Stern. Ein Jahr auf diesen Planeten ist damit kürzer als ein Tag auf der Erde! Andere Exoplaneten brauchen tausend Jahre für einen Umlauf. Die Forscher suchen aber vor allem nach Planeten, die unserer Erde ähnlich sind. Vielleicht gibt es dort Leben?

EXOPLANETEN ZU FINDEN ist schwierig. Sie sind weit weg, klein und lichtschwach. Außerdem blendet der Stern, den sie umkreisen, stark. Die meisten Planeten kann man selbst mit den größten Teleskopen nicht sehen. Die Astronomen beobachten daher die viel helleren Sterne. Ein Stern, der von einem Planeten umkreist wird, bewegt sich ganz leicht vor und zurück. So macht sich die Schwerkraft des Planeten bemerkbar. Manche Planeten wandern auch vor ihrem Stern entlang. Dann wird der Stern leicht dunkler, weil der Planet sein Licht abschirmt. Das können die Forscher messen.

„HEISSE JUPITER" nannten die Forscher die ersten fremden Planeten, die sie entdeckt hatten. Es sind riesige Gasplaneten, ähnlich wie Jupiter oder sogar größer. Sie kreisen sehr nahe an ihrem Stern. Solche Planeten sind am einfachsten aufzuspüren. Wegen der Nähe zum Stern sind sie sehr heiß. Die Astronomen haben aber inzwischen auch „Mini-Neptune" und „Super-Erden" gefunden. Das sind Gas- oder Gesteinsplaneten, die schwerer sind als die Erde und leichter als der Gasplanet Neptun.

LEBEN könnte es auch auf Exoplaneten geben – zumindest dann, wenn auf ihnen Wasser fließt. Dazu muss ein Planet in einem bestimmten Abstand zu seinem Stern stehen. Wenn er näher dran ist, ist es zu heiß und das Wasser verdampft. Ist er weiter weg, ist es zu kalt. Das Wasser wird zu Eis. Der Bereich um einen Stern, in dem es flüssiges Wasser geben kann, heißt Lebenszone. Die Forscher bauen riesige, neue Teleskope, um Planeten in der Lebenszone bald genauer untersuchen zu können.

DAS KEPLER-WELTRAUMTELESKOP hat einen Planeten entdeckt, der Kepler-452b genannt wurde. Er ist etwas größer als die Erde. Sein Stern ist unserer Sonne sehr ähnlich. Der Planet umkreist ihn in der Lebenszone. Vielleicht ist Kepler-452b ja der Erde ähnlich? Noch wissen es die Forscher nicht. Spannend sind auch die sieben Planeten um den Stern Trappist-1. Auf fünf von ihnen könnte es Wasser geben. Der Stern Trappist-1 ist sogar nur ein leuchtschwacher Roter Zwerg.

der Planet Kepler-452b

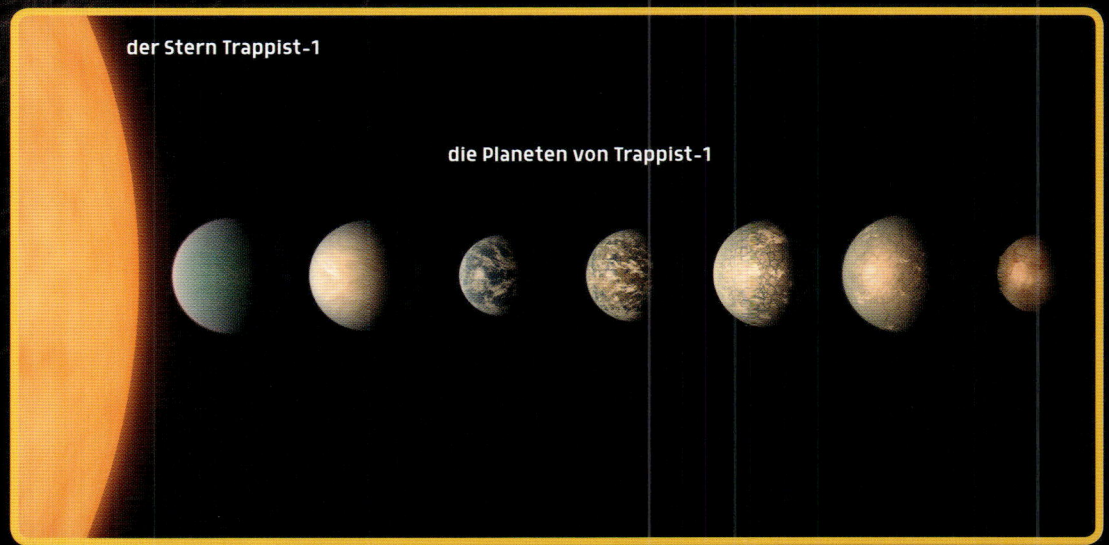

der Stern Trappist-1

die Planeten von Trappist-1

DER NÄCHSTE EXOPLANET heißt Proxima Centauri b. Er wurde 2016 entdeckt. Der Planet bewegt sich in der Lebenszone um unseren nächsten Nachbarstern. Ein Raumschiff mit Lichtgeschwindigkeit wäre schon mehr als vier Jahre dorthin unterwegs. Der Planet ist etwas größer als die Erde und rast in nur elf Tagen um seinen Stern. Seine Oberfläche könnte so aussehen wie im Bild dargestellt. Der Stern ist ebenfalls ein Roter Zwerg. Er hat noch zwei weit entfernte Sternpartner. Es handelt sich also um einen „Dreifachstern".

STERNE UND MILCHSTRASSE
AUSSERIRDISCHE

SIND WIR ALLEIN? Oder ist da draußen im Weltall jemand? Das fragen sich die Menschen schon seit Jahrhunderten. In unserem Sonnensystem sind wir wohl allein. Auf dem Mars oder einigen Planetenmonden könnte es höchstens einfache Lebensformen geben. Aber vielleicht gibt es ja intelligente Lebewesen auf einem fernen Planeten, der um einen anderen Stern kreist? Wir wissen es nicht. Leider können wir nicht einfach hinfliegen und nachschauen. Die Entfernungen sind viel zu groß.

LEBEWESEN WIE UNS könnte es durchaus geben. Allein in unserer Heimatgalaxie, der Milchstraße, gibt es Milliarden Sterne. Viele dieser Sterne werden vermutlich von Planeten umkreist. Einige davon werden ähnlich sein wie die Erde und sich in der Lebenszone um ihren Stern befinden. Dort könnte es Außerirdische geben. Das sind Lebewesen, die nicht auf der Erde wohnen. Und außer unserer Milchstraße existieren ja noch viele andere Galaxien mit Milliarden von Sternen und Planeten im Weltall.

SIGNALE VON AUSSERIRDISCHEN – danach suchen einige Begeisterte. Sie arbeiten bei SETI mit. Das ist die Abkürzung für „Suche nach außerirdischer Intelligenz". Die SETI-Forscher durchforsten seit dem Jahr 1960 Strahlung aus dem Weltall nach möglichen Botschaften von Außerirdischen. Das ist mühsam und teuer, weil es viele Sterne mit Planeten und viele Sendekanäle gibt. Deswegen helfen Freiwillige mit. Sie stellen ihre Computer für die Suche zur Verfügung. Gefunden wurde aber bisher nichts.

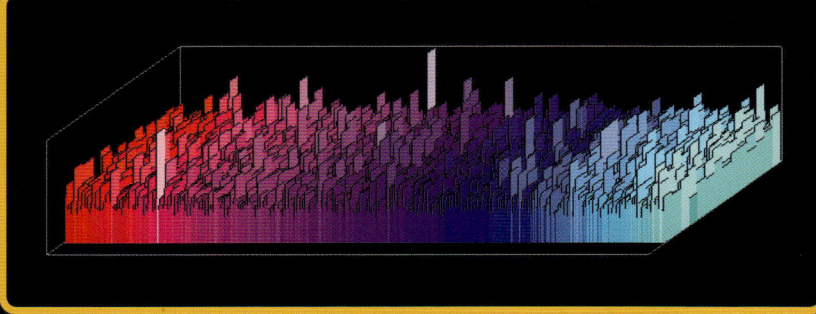

RÄTSELHAFT ist bis heute ein starkes Radiosignal aus dem Weltraum, das die Astronomen im Jahr 1977 empfangen haben. Sie nennen es „das Wow!-Signal". Vielleicht waren hier Außerirdische am Werk? Es sind aber auch andere Erklärungen möglich. Ab und zu wird auch Seltsames beobachtet, Ufos zum Beispiel. Das ist die Abkürzung für „unbekannte fliegende Objekte". Die meisten sind in Wirklichkeit Flugzeuge, Satelliten, Blitze, Sternschnuppen oder Ähnliches. Einige lassen sich aber nicht erklären.

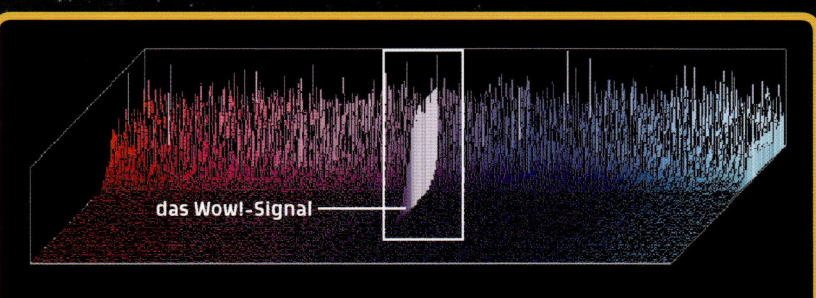
das Wow!-Signal

INTELLIGENTES LEBEN hat sich auf der Erde erst spät entwickelt. Mehr als vier Milliarden Jahre sind vergangen, bis die ersten Menschen da waren. Dabei gab es auch glückliche Zufälle. Ein großer Meteoriteneinschlag hätte uns zum Beispiel wieder auslöschen können. Deswegen wird es nicht auf allen erdähnlichen Planeten Leben geben – schon gar kein intelligentes. Vielleicht entwickelt es sich auch gerade erst. Dann wären wir mit unserer Suche einfach zu früh dran. Oder es ist schon ausgestorben. Dann kämen wir zu spät.

BOTSCHAFTEN an Außerirdische wurden auch schon verschickt. 1974 haben Astronomen ein Funksignal mit einem riesigen Radioteleskop ins All gesendet. Eine Antwort bekommen wir leider frühestens in 50.000 Jahren: So lange braucht das Signal zu den angefunkten Sternen und wieder zurück. Und eine vergoldete Schallplatte mit Bildern und Tönen von der Erde befindet sich an Bord der beiden Voyager-Sonden. Die Raumsonden verlassen gerade unser Sonnensystem. Dass jemand die Platten findet, ist allerdings sehr unwahrscheinlich.

großes Radioteleskop

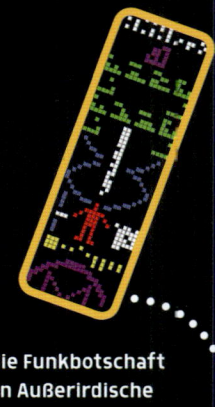
die Funkbotschaft an Außerirdische

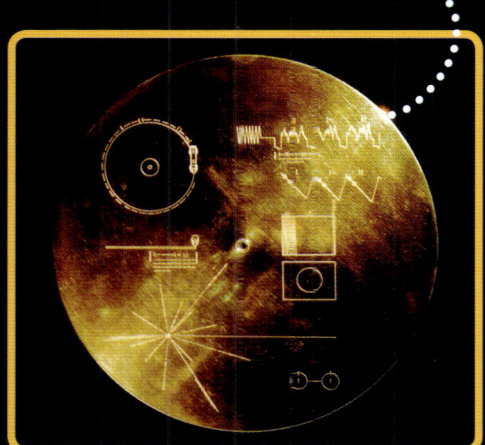

EIN KONTAKT mit Außerirdischen könnte schwierig sein – selbst wenn unsere Botschaften ihren Planeten erreichen würden. Sie müssten Funksignale empfangen oder Schallplatten abspielen können. Vielleicht können sie das aber nicht. Oder sie haben eine ganz andere Technik, die wir nicht kennen. Vermutlich sprechen und schreiben sie auch anders. Das macht es noch schwieriger. Ob sie uns wohl etwas zurücksenden würden? Wegen der riesigen Entfernungen wäre die Unterhaltung auf jeden Fall extrem langsam!

ALIENS heißen Außerirdische auf Englisch. Das heißt „Fremdlinge". Sie könnten völlig anders aussehen als wir. Vielleicht haben sie acht Beine und einen kleinen Kopf mit drei Augen. Dann möchten wir ihnen wohl lieber nicht begegnen. Vielleicht benötigen sie auch keinen Sauerstoff zum Atmen oder Wasser zum Leben. Ob ein Kontakt zu ihnen gut für uns wäre, wissen wir auch nicht. Vielleicht möchten sie die Erde erobern. Vielleicht wären sie aber auch freundlich und klug. Dann könnten wir von ihnen lernen.

STERNE UND MILCHSTRASSE
DAS LEBEN DER STERNE

DER STERNENHIMMEL erscheint uns Menschen unveränderlich. Die Sterne stehen stets in festen Gruppen zusammen und leuchten in jeder klaren Nacht vom Himmel. Niemals fehlt ein Stern und es kommt auch keiner hinzu. So scheint es zu sein, aber es ist nicht so! Die Sterne gibt es nicht schon immer und sie existieren auch nicht ewig. Sie werden geboren, verändern sich und beenden ihr Leben – auch heute noch. Wir Menschen bemerken es nur nicht, weil es so langsam geschieht oder so weit weg ist.

STERNE ENTSTEHEN – genau wie unsere Sonne – in riesigen Gas- und Staubwolken. Die Wolken befinden sich zwischen den leuchtenden Sternen und bestehen hauptsächlich aus Wasserstoff, dem leichtesten Gas. Anfangs sind sie dunkel und kalt. Mit der Zeit können sie dichter und wärmer werden. Dabei bilden sich kleinere, dichte Gas- und Staubgebiete. Sie können durch ihre eigene Schwerkraft zusammenstürzen und zu glühenden Gaskugeln werden. So entstehen neue Sterne! Um sie herum wirbeln noch Reste von Gas und Staub. Daraus können sich Planetensysteme bilden.

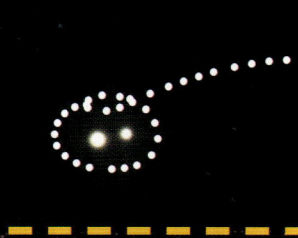

DOPPELSTERNE nennen die Astronomen zwei Sterne, die am Himmel nahe zusammenstehen. Manche gehören wirklich zusammen und umkreisen sich. Bei der Geburt von Sternen aus einer großen Gaswolke bilden sich meist viele Sterne. Man bezeichnet das als Sternhaufen. Dabei können auch zwei Sterne gemeinsam entstehen. Viele Sterne haben einen oder sogar mehrere enge Partner. Unsere Sonne ist da anders: Sie ist ein Einzelstern.

EIN NEUER STERN ist geboren, wenn er wie die Sonne Wasserstoff zu Helium verbrennt. Das passiert, wenn das Gas in seinem Inneren genügend dicht und heiß ist. Dabei wandelt der Stern einen winzigen Teil seiner Masse in Energie um, die er als Licht und Wärme abstrahlt. Der Stern ist jetzt stabil: Der Druck aus dem Inneren verhindert, dass er zusammenfällt. Und seine eigene Schwerkraft sorgt dafür, dass er nicht auseinanderfliegt. Er kann jetzt sehr lange leuchten. In dieser Phase ihres Lebens befinden sich die meisten Sterne und die Sonne.

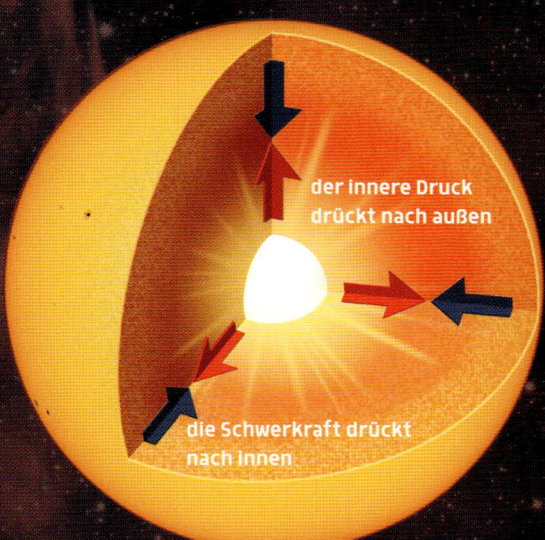

der innere Druck drückt nach außen

die Schwerkraft drückt nach innen

WIE LANGE LEBT EIN STERN? Das hängt von seiner Masse ab. Schwere Sterne leben kürzer. Sie sind heißer und heller und verbrauchen ihren Vorrat schneller. Blaue Riesensterne existieren nur einige Millionen Jahre. Leichtere Sterne sind kühler und schwächer. Sie können Milliarden Jahre leben, das sind tausend Millionen Jahre! Unsere Sonne wird insgesamt rund zwölf Milliarden Jahre alt werden. Viereinhalb Milliarden Jahre sind davon schon vergangen. Noch länger leben die schwachen Roten Zwerge.

die Sonne heute

die Sonne in fünf Milliarden Jahren

ROTE RIESEN – das werden viele Sterne am Ende ihres Lebens. Der Wasserstoff in ihrem Inneren ist dann aufgebraucht. Auch unsere Sonne wird sich in fünf Milliarden Jahren zu einem roten Riesenstern aufblähen. Sie wird dann 100-mal größer und 1.000-mal heller sein als heute. Deutlich schwerere Sterne können noch größer werden. Man nennt sie dann Überriesen. Rote Riesen und Überriesen sind hell, aber relativ kühl. Deswegen leuchten sie rötlich.

FIXSTERNE nennt man die Sterne am Himmel oft. Fix bedeutet dabei fest an einem Ort. Die Sterne scheinen sich nicht zu bewegen. Aber auch das stimmt nicht! Alle Sterne bewegen sich und das sogar sehr schnell: Sie rasen mit Tausenden von Stundenkilometern durchs All. Wir bemerken es nur nicht, weil sie so extrem weit weg sind. In 100.000 Jahren wird der berühmte Große Wagen, den du am Himmel vielleicht schon entdeckt hast, durch die Bewegungen der Sterne deutlich anders aussehen.

der Große Wagen heute

der Große Wagen in 100.000 Jahren

STERNE UND MILCHSTRASSE
LEUCHTENDE GASNEBEL

LEUCHTENDE GASNEBEL sind Gebiete, in denen Sterne entstehen. Die starke Strahlung der jungen, heißen Sterne bringt das Gas und den Staub um sie herum zum Leuchten. Sie werden dann als schöne, bunte Nebel sichtbar. Auch die Sterne selbst sind häufig schon darin zu sehen. Umgeben sind die hellen Nebel oft von riesigen, dunklen Gas- und Staubwolken, in denen sich die Sterne einst gebildet haben.

VERSCHIEDENE FARBEN kann man in den Nebeln häufig beobachten. Das Gas besteht hauptsächlich aus Wasserstoff. Es leuchtet intensiv rot. An einigen Stellen erkennt man aber auch ein blaues Leuchten. Dort werfen winzige Staubkörnchen das Licht der jungen Sterne zurück. Die Sterne sind hier nicht heiß genug, um das Gas zum Leuchten zu bringen. Dunkle Bereiche sind kalte, dichte Gas- und Staubregionen. Sie verschlucken das Licht der Sterne und der leuchtenden Nebel hinter ihnen. Man nennt sie Dunkelwolken.

DER ORION-NEBEL ist ein heller, leuchtender Gasnebel am Himmel. Junge, heiße Sterne sind hier umgeben von roten, bläulichen und dunklen Nebelschleiern. Das Licht der Sterne ist rund 1.500 Jahre zu uns unterwegs. Sie sind damit weiter entfernt als viele der Sterne, die wir am Himmel sehen können. Der Orion-Nebel ist aber der nächste Gasnebel. Viele andere sind weiter weg. Im Orion-Nebel bilden sich auch heute noch Sterne. In Millionen von Jahren wird aus diesem Nebel ein Sternhaufen entstanden sein.

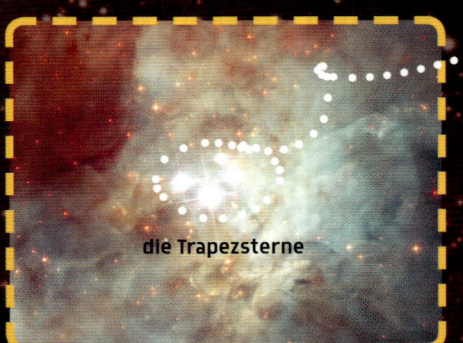
die Trapezsterne

TRAPEZSTERNE nennen die Forscher die vier jungen, hellen Sterne in der Mitte des Orion-Nebels. Sie bilden ein etwas schiefes Viereck. Man bezeichnet das als Trapez. Die Trapezsterne sind nur rund eine halbe Million Jahre alt. Damit sind sie noch jung! Ihre intensive Strahlung regt den Nebel zum Leuchten an. Durch die Strahlung haben sich auch die Nebelteile vor ihnen aufgelöst. Deshalb können wir die Sterne überhaupt sehen. Der hellste Trapezstern ist ein blauer Riesenstern, der 200.000-mal so hell leuchtet wie die Sonne.

PFERDEKOPF-NEBEL heißt eine kleine Dunkelwolke in der Nähe des Orion-Nebels. Sie hebt sich deutlich vor dem rot leuchtenden Gas im Hintergrund ab. Ihren Namen hat sie wegen ihrer Form: Sie sieht aus wie der Kopf eines Pferdes. In einigen Tausend Jahren wird sie sich verändert haben. Das liegt an der Strahlung der hellen Sterne in ihrer Umgebung. Sie lösen die Wolke mit der Zeit auf.

der Adler-Nebel

der Trifid-Nebel

ADLER-NEBEL ist der Name eines anderen leuchtenden Gasnebels. Die Dunkelwolken in seiner Mitte sehen aus wie ein Adler mit ausgebreiteten Flügeln. Daher hat der Nebel seinen Namen. In den Wolken bilden sich neue Sterne. Viele junge Sterne sind über ihnen schon zu sehen. Ein weiterer schöner Nebel ist der Trifid-Nebel. Der rote Gasnebel wird durch dunkle Staubwolken in mehrere Teile gespalten. Man sieht auch einen blauen Nebelteil. Die jungen Sterne befinden sich hier meist noch im Nebel.

DER TARANTEL-NEBEL ist ein weit entfernter, riesiger Nebel in unserer Nachbargalaxie, der Großen Magellanschen Wolke. Er ist viel größer als der Orion-Nebel. Wäre der Tarantel-Nebel so nahe wie der Orion-Nebel, würde er am Himmel so hell leuchten wie der Vollmond! Der Tarantel-Nebel enthält auch den schwersten und hellsten Stern, den die Astronomen bisher kennen: Er ist 265-mal so schwer wie unsere Sonne und leuchtet zehn Millionen mal heller. Sein Name ist nicht besonders beeindruckend: Die Forscher nennen ihn R136a1.

STERNE UND MILCHSTRASSE
OFFENE STERNHAUFEN

ANZAHL DER STERNE:
von zehn bis ein paar 1.000

ENTFERNUNG VON DER ERDE:
Das Licht ihrer Sterne ist zwischen 150 Jahren und einigen 1.000 Jahren zu uns unterwegs.

ALTER DER HAUFEN:
von ein paar Millionen Jahren bis einige 100 Millionen Jahre

OFFENE STERNHAUFEN bestehen oft aus Hunderten von Sternen. Sie sind gemeinsam aus einer großen Gas- und Staubwolke entstanden. Am Himmel stehen sie als Gruppen von Sternen zusammen. Meist kann man darin einzelne Sterne gut erkennen. Sie stehen nicht sehr dicht gedrängt. Deswegen bezeichnen die Astronomen diese Sternhaufen als „offene" Haufen. In unserer Milchstraße sind mehr als tausend offene Sternhaufen bekannt.

ZIEMLICH JUNG sind offene Sternhaufen. Sie sind höchstens einige hundert Millionen Jahre alt. Das ist für Sterne noch nicht viel. Deswegen stehen sie auch noch beisammen. Die Sterne haben sich von ihrem Geburtsort noch nicht weit entfernt. Das passiert erst im Laufe ihres Lebens. Dann wandern die Sterne auseinander und der Sternhaufen löst sich auf. Auch unsere Sonne ist in einem Sternhaufen entstanden. Das ist aber schon viereinhalb Milliarden Jahre her. Deswegen hat sich der Haufen inzwischen aufgelöst.

GAS UND STAUB befinden sich häufig noch zwischen den Sternen von offenen Sternhaufen. Ihre Entstehung aus einer Gas- und Staubwolke liegt ja noch nicht lange zurück. Wenn sich die ersten heißen, jungen Sterne gebildet haben, wird um sie herum zunächst ein leuchtender Gasnebel sichtbar. Die intensive Strahlung der Sterne löst den Nebel aber mit der Zeit auf. So werden aus leuchtenden Gasnebeln Sternhaufen. Die Nebelreste leuchten noch rot oder blau oder heben sich als Dunkelwolken ab.

FÜR DIE FORSCHER sind Sternhaufen sehr spannend. Die Sterne darin sind alle gleich alt. Sie sind ja gleichzeitig entstanden. Außerdem stehen sie nahe zusammen. Deswegen sind sie auch alle gleich weit von uns weg. Hellere Sterne in Sternhaufen leuchten also wirklich heller als ihre Nachbarn. Die Astronomen können so vergleichen, wie sich die einzelnen Sterne entwickelt haben. Vielleicht sind die schwersten Sterne schon zu roten Riesensternen geworden. Die Forscher können damit das Alter des Haufens abschätzen.

DER NÄCHSTE OFFENE STERNHAUFEN sind die Hyaden. Ihr Licht ist nur 150 Jahre zu uns unterwegs. Der Haufen enthält über 300 Sterne. Allerdings sehen wir nur einige davon. Die anderen sind zu schwach. Die Hyaden sind rund 600 Millionen Jahre alt. Für einen offenen Sternhaufen ist das schon recht alt. Der hellste Stern auf dem Bild gehört nicht zu den Hyaden. Er ist nur ungefähr halb so weit entfernt wie der Sternhaufen. Sein Name ist Aldebaran, er ist ein roter Riesenstern.

Aldebaran

die Hyaden

DIE PLEJADEN sind einer der schönsten offenen Sternhaufen am Himmel. Auch hier sieht man nur einige helle Sterne. In Wirklichkeit stehen dort aber rund 500 Sterne zusammen. Staubwolken zwischen ihnen werfen das Licht der hellen Sterne zurück und schimmern blau. Die Forscher wissen heute, dass das nicht die Geburtswolke der Plejaden ist. Sie steht nur zufällig am gleichen Ort. Die Plejaden sind mit rund hundert Millionen Jahren jünger als die Hyaden. Das Licht ihrer Sterne ist 400 Jahre zu uns unterwegs.

EIN DOPPEL-STERNHAUFEN kann sich auch aus einer großen Gas- und Staubwolke bilden. Dann entstehen aus der Wolke gleich zwei Haufen. Der berühmteste Doppel-Sternhaufen heißt h und chi Persei. Chi ist ein griechischer Buchstabe. Das Licht der Sterne ist ungefähr 7.000 Jahre zu uns unterwegs. Die beiden Sternhaufen sind also viel weiter weg als die Hyaden und die Plejaden. Mit nur rund fünf Millionen Jahren gehören sie zu den jüngsten offenen Sternhaufen.

chi Persei   h Persei

STERNE UND MILCHSTRASSE
KUGELSTERN-HAUFEN

KUGELSTERNHAUFEN sind ganz anders als offene Sternhaufen. Sie sind rund und enthalten Hunderttausende Sterne – viel mehr als offene Sternhaufen. Sie stehen sehr eng zusammen, sodass man einzelne Sterne kaum erkennen kann. Wie sich die Kugelsternhaufen gebildet haben, wissen die Astronomen nicht genau. Vielleicht sind sie aus besonders dichten Gas- und Staubwolken entstanden. Die Forscher haben etwa 150 Kugelsternhaufen in unserer Milchstraße entdeckt.

ANZAHL DER STERNE:
mehrere 100.000

ENTFERNUNG VON DER ERDE:
Das Licht ihrer Sterne ist mehr als 10.000 Jahre zu uns unterwegs.

ALTER DER HAUFEN:
mehr als zehn Milliarden Jahre

SEHR ALT sind Kugelsternhaufen. Auch das unterscheidet sie von offenen Haufen. Mit rund 13 Milliarden Jahren gehören sie zu den ältesten Objekten in unserer Milchstraße. Kugelsternhaufen sind sehr stabil. Sie lösen sich nicht auf wie offene Sternhaufen. Die Schwerkraft der vielen, nah beisammenstehenden Sterne hält sie fest zusammen. Kugelsternhaufen sind viel weiter weg als offene Sternhaufen. Ihr Licht ist oft Zehntausende Jahre bis zu uns unterwegs.

ROTE ALTE STERNE sind in Kugelsternhaufen besonders häufig. Viele umkreisen sich gegenseitig und bilden Doppelsterne. Gas und Staub gibt es nicht. Neue Sterne bilden sich also nicht mehr. Vielleicht gibt es aber Planetensysteme um einige Sterne. Ausgeschlossen ist das nicht, auch wenn die vielen nahen Nachbarsterne einige Planeten mit ihrer Schwerkraft vielleicht aus ihren Bahnen werfen. Auf einem Planeten in einem Kugelsternhaufen würde es nachts aufgrund der vielen hellen Sterne gar nicht richtig dunkel.

So könnte der Nachthimmel über einem Planeten in einem Kugelsternhaufen aussehen.

„BLAUE NACHZÜGLER" heißen außergewöhnliche Sterne in Sternhaufen. Sie leuchten hell und bläulich. Sie wirken wie junge Sterne. Es gibt sie auch in Kugelsternhaufen. Aber in Kugelsternhaufen entstehen ja keine Sterne mehr aus Gas und Staub! Die Forscher vermuten, dass sich blaue Nachzügler bilden, wenn zwei Sterne miteinander verschmelzen. Besonders in Kugelsternhaufen stehen die Sterne so dicht, dass das manchmal vorkommt. Dabei kann aus zwei alten Sternen ein neuer Stern entstehen.

HERKULESHAUFEN ist der Name eines hellen Kugelsternhaufens. Er steht im Sternbild Herkules (daher hat er seinen Namen) und enthält rund eine Million Sterne. Der Haufen ist sehr weit weg: Sein Licht ist rund 25.000 Jahre unterwegs bis zu uns. Dorthin wurde 1974 eine Funkbotschaft an mögliche Außerirdische geschickt. Vielleicht gibt es ja Lebewesen auf einem Planeten um einen der vielen Sterne.

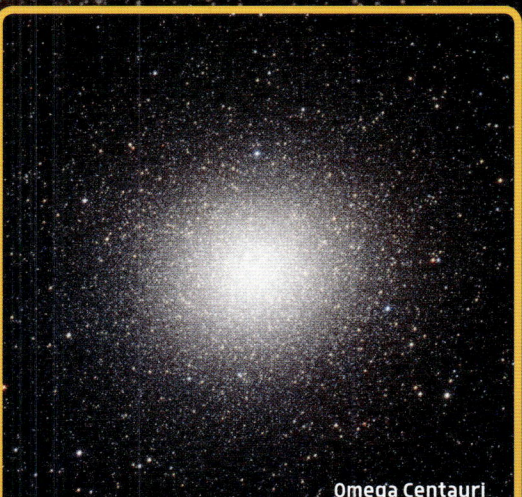

Omega Centauri

DER HELLSTE KUGELSTERNHAUFEN am ganzen Himmel heißt Omega Centauri. Er enthält rund zehn Millionen Sterne. Das sind zehnmal so viele wie der Herkuleshaufen. Omega Centauri steht uns auch etwas näher. Sein Licht ist „nur" 17.000 Jahre zu uns unterwegs. Bei uns kann man diesen Sternhaufen leider nicht am Himmel sehen. Man muss dazu weit nach Süden reisen.

DIE ENTFERNUNG von Kugelsternhaufen messen die Forscher anhand von bestimmten veränderlichen Sternen in den Haufen. Sie heißen RR-Lyrae-Sterne. Diese Sterne blähen sich regelmäßig auf und ziehen sich wieder zusammen. Dadurch werden sie heller und dunkler. Die Forscher wissen, wie hell diese Sterne wären, wenn sie in unserer Nähe stehen würden. Weil sie weit weg sind, erscheinen sie aber schwächer. Aus der gemessenen Helligkeit können die Astronomen ihre Entfernung und damit die des ganzen Sternhaufens bestimmen.

STERNE UND MILCHSTRASSE
DAS ENDE DER STERNE

DAS ENDE eines Sterns naht, wenn der Vorrat an Wasserstoff in seinem Kern verbraucht ist. Was dann passiert, hängt davon ab, wie schwer der Stern ist. Leichte Sterne leben sehr lang und glühen zum Schluss einfach aus. Sterne wie unsere Sonne haben ein mittellanges Leben und stoßen am Ende einen Gasnebel aus. Schwere Sterne leben nur kurz und beenden ihr Leben mit einer gigantischen Explosion. Die Reste der Sterne werden zu kleinen, extrem dichten Gebilden.

ein roter Riesenstern

ein Planetarischer Nebel

EIN STERN WIE DIE SONNE entwickelt sich zunächst zu einem roten Riesenstern. Schließlich stößt er seine äußeren Gasschichten ins All ab. So entsteht ein Gasnebel um den Stern. Man bezeichnet ihn als Planetarischen Nebel. Im Inneren des Nebels befindet sich der Sternrest. Er hat nun keinen Brennstoff mehr. Durch seine eigene Schwerkraft schrumpft er deshalb zu einer kleinen Kugel – einem sogenannten Weißen Zwerg.

EIN WEISSER ZWERG ist nur so groß wie unsere Erde. Er wiegt allerdings fast noch so viel wie unsere Sonne. Er ist also sehr dicht zusammengedrückt. Ein Teelöffel von einem Weißen Zwerg wäre so schwer wie ein ganzer Lieferwagen! Der Weiße Zwerg ist immer noch heiß. Deshalb strahlt er weiß und bringt den Gasnebel um ihn herum zum Leuchten. Im Lauf von Milliarden Jahren verblasst der Sternrest und wird zu einem Schwarzen Zwerg. Dann ist er kalt und man kann ihn nicht mehr sehen.

EIN PLANETARISCHER NEBEL hat nichts mit einem Planeten zu tun – obwohl es sich so anhört. Er ist ein Gasnebel um einen alten Stern. Planetarische Nebel wurden diese Nebel vor langer Zeit genannt, weil sie in den kleinen Teleskopen früherer Forscher aussahen wie ferne Gasplaneten. Die Nebel haben oft schöne Formen und Farben. Nach einigen 10.000 Jahren haben sie sich so weit verteilt, dass sie verblassen. Ein sehr schöner Nebel ist der Katzenaugen-Nebel. Sein Licht ist 3.500 Jahre zu uns unterwegs.

EIN SCHWERER STERN, der viel schwerer ist als die Sonne, endet dramatisch. Zunächst entwickelt er sich zu einem Roten Überriesen, einem gigantischen Riesenstern. Schließlich explodiert er. Er leuchtet dann für kurze Zeit heller als alle Sterne der Milchstraße zusammen! Diese Explosion bezeichnet man als Supernova. Der Stern schleudert dabei eine Trümmerwolke aus Gas in den Weltraum. Im Zentrum der Wolke bleibt ein winziger Sternrest übrig: ein Neutronenstern oder sogar ein Schwarzes Loch.

ein roter Überriesenstern

eine Supernova

die Gaswolke einer Supernova

Der Krebs-Nebel ist der Überrest der Supernova-Explosion eines schweren Sterns.

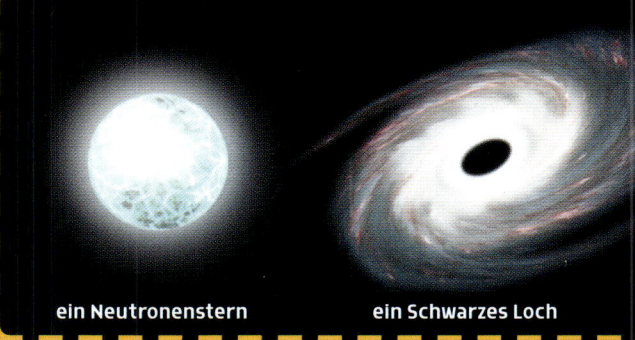

ein Neutronenstern

ein Schwarzes Loch

EIN NEUTRONENSTERN ist noch kleiner als ein Weißer Zwerg. Er ist nur so groß wie eine Stadt. Dabei ist er aber schwerer als die Sonne! Er ist daher extrem zusammengequetscht. Ein Teelöffel von einem Neutronenstern wäre so schwer, dass er die ganze Erde durchschlagen würde. Ein noch schwererer Stern wird zu einem Schwarzen Loch. Seine gesamte Masse ist in einem einzigen Punkt konzentriert. Ein Schwarzes Loch hat eine so riesige Schwerkraft, dass es alles in seiner Nähe einsaugt und zerstört.

EINE GROSSE GASWOLKE bildet sich nach einer Supernova-Explosion. Auf diese Weise ist auch der Krebs-Nebel im Sternbild Stier entstanden (siehe Gaswolke im oberen Bild rechts). Das Aufleuchten der Supernova wurde vor rund tausend Jahren von chinesischen Astronomen beobachtet. Seitdem dehnt sich das Gas aus. Sein Licht ist etwa 6.500 Jahre zu uns unterwegs. Im Zentrum des Gasnebels sitzt ein Neutronenstern, der sich sehr schnell dreht und dabei immer wieder aufblitzt. Man bezeichnet einen solchen Stern als Pulsar.

STERNENSTAUB sind wir! Sterne verbrennen nämlich nicht nur Wasserstoff zu Helium in ihrem Inneren. Am Ende ihres Lebens backen sie auch alle anderen Stoffe zusammen, die es gibt. So sind auch Kohlenstoff und Sauerstoff entstanden. Sie sind sehr wichtig für das Leben auf der Erde. Durch das Abstoßen von Gasnebeln am Ende ihres Lebens verteilen die Sterne diese Stoffe im All. Daraus bilden sich wieder neue Sterne und Planetensysteme. Auch unsere Sonne, unsere Erde und wir sind aus dem Staub früherer Sterne entstanden.

STERNE UND MILCHSTRASSE
DIE MILCHSTRASSE

DIE MILCHSTRASSE besteht aus unzähligen Sternen, Planeten, Gasnebeln, Staubgebieten und Sternhaufen. Sie ist eine Spiralgalaxie. Ihre Spiralarme sind um einen hellen Bereich in der Mitte gewunden. Auch unsere Sonne und ihre Planeten gehören zur Milchstraße. Sie ist unsere eigene Galaxie. Die Milchstraße ist gigantisch groß. Trotzdem ist sie nichts Besonderes. Es gibt Milliarden ähnliche Galaxien wie sie und sogar noch viel größere.

DURCHMESSER:
Das Licht braucht 100.000 Jahre von einem Rand zum anderen.

ANZAHL DER STERNE:
mindestens 200 Milliarden

ALTER:
mindestens 13 Milliarden Jahre

AKTUELLSTE RAUMSONDE:
Gaia (seit 2014)
Sie hat die Positionen, Helligkeiten und Entfernungen von fast zwei Milliarden Sternen in der Milchstraße vermessen.

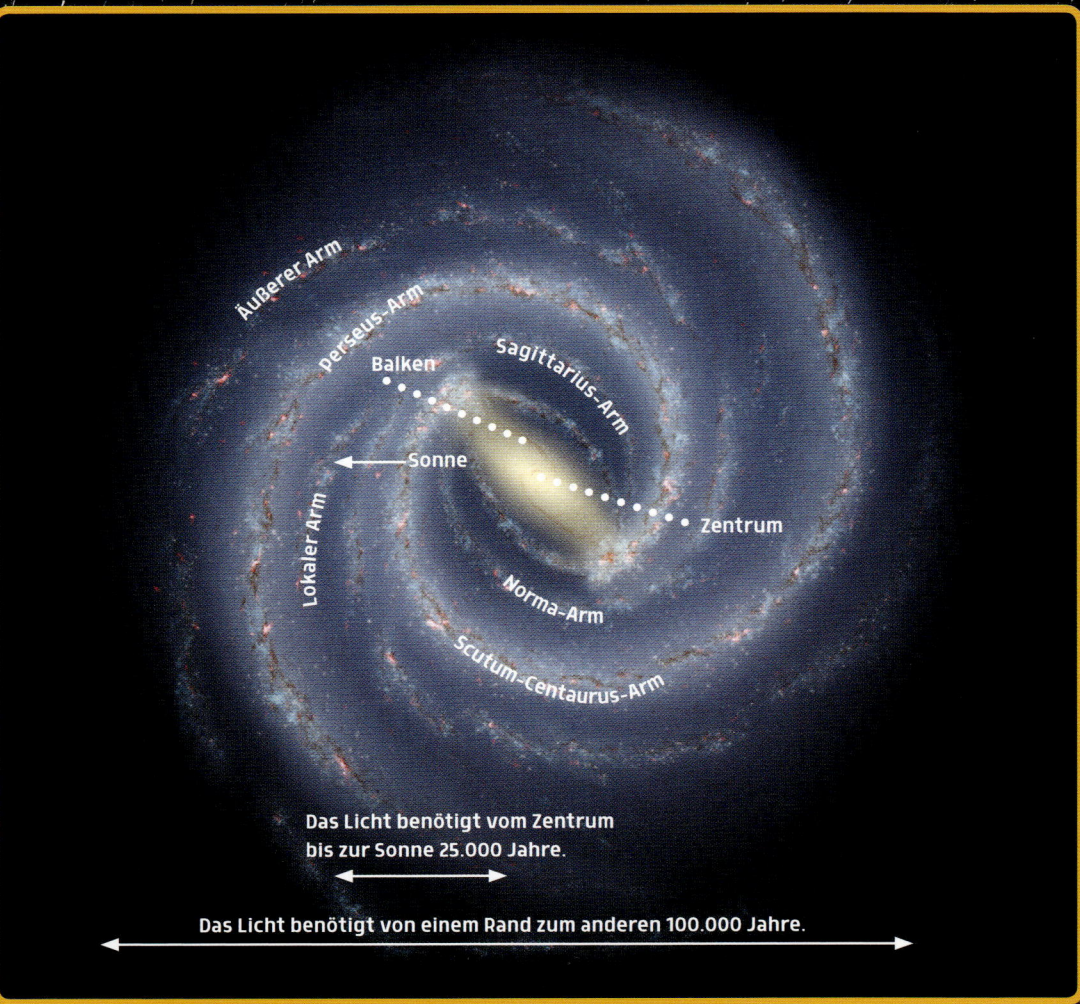

Das Licht benötigt vom Zentrum bis zur Sonne 25.000 Jahre.

Das Licht benötigt von einem Rand zum anderen 100.000 Jahre.

IN DEN SPIRALARMEN der Milchstraße stehen viele helle bläuliche Sterne. Sie sind jung, heiß und sehr leuchtkräftig. Deswegen sind die Spiralarme gut zu erkennen. Die Sterne sind umgeben von rötlich leuchtenden Gasnebeln und dunklem Staub. In den rötlichen Gasnebeln bilden sich weitere Sterne. In den Spiralarmen stehen auch viele offene Sternhaufen. Sie sind ebenfalls noch recht jung. Zwischen den Spiralarmen befinden sich ältere und dunklere Sterne, die man kaum sieht.

UNSERE SONNE liegt zwischen der Mitte und dem Rand der Milchstraße. Sie ist schon älter und nicht sehr leuchtkräftig. Sterne wie sie gibt es oft. Um viele dieser Sterne kreisen Planeten. Der Spiralarm, in dem sich die Sonne befindet, wird von den Astronomen „Lokaler Arm" genannt. Auch die anderen Spiralarme haben Namen. Das Licht der hellen Galaxienmitte braucht bis zur Sonne rund 25.000 Jahre. Bis zum Rand der Milchstraße ist es noch einmal genauso lang unterwegs.

DIE MITTE der Milchstraße bezeichnet man als ihr Zentrum. Die Forscher glauben, dass sich dort ein extrem schweres Schwarzes Loch befindet. Die ganze Galaxie dreht sich um dieses Schwarze Loch. Die Sonne braucht für eine Umdrehung rund 200 Millionen Jahre. In der Umgebung des Zentrums stehen viele ältere gelbe Sterne beisammen. Sie bilden einen länglichen, hellen Balken. Das ist nicht bei allen Galaxien so. Die Milchstraße zählt deswegen zu den „Balken-Spiralgalaxien".

VON DER SEITE sieht unsere Milchstraße aus wie eine flache Scheibe. Das dunkle Band in der Mitte ist Staub. Am Rand der Scheibe benötigt das Licht nur 3.000 Jahre, um sie von oben nach unten zu durchqueren. In der Mitte ist die Milchstraße dicker. Dort ist das Zentrum mit den vielen gelben Sternen. Hier braucht das Licht fünfmal so lang zum Durchreisen wie am Rand. Die Milchstraße wird umkreist von zahlreichen alten Kugelsternhaufen. In der Scheibe selbst befinden sich keine Kugelsternhaufen.

Zum Durchlaufen der Scheibe benötigt das Licht 3.000 Jahre.

MITTENDRIN in der Milchstraße sind wir. Unsere Sonne und die Erde stehen zwischen Sternen, Gas und Staub. Die Forscher können daher Vieles aus der Nähe untersuchen. Aber die Gas- und Staubwolken behindern auch unsere Sicht. Sterne, die dahinter stehen, sehen wir nicht. So ist uns auch der Blick zum hellen Zentrum versperrt. Leider können wir auch nicht von außen auf unsere Milchstraße sehen. Daher können die Astronomen die Form der Milchstraße nur mit besonderen Techniken erforschen.

ALLE STERNE, die du am Nachthimmel siehst, gehören zu unserer Milchstraße. Kein einziger Stern zählt zu einer anderen Galaxie. Dazu sind die anderen Galaxien viel zu weit weg. Die einzige fremde Galaxie, die man bei uns mit dem bloßen Auge sehen kann, ist die Andromeda-Galaxie. Ihr Licht ist fast drei Millionen Jahre zu uns unterwegs! Sie ist so weit weg, dass sie am Himmel nur als schwacher Schimmer zu erkennen ist. Einzelne Sterne erkennt man nicht.

die Andromeda-Galaxie

STERNE UND MILCHSTRASSE
SCHWARZE LÖCHER

SCHWARZE LÖCHER sind sehr seltsam. Ihre gesamte Masse ist in einem Punkt konzentriert. Deswegen haben sie eine enorme Schwerkraft und verschlingen alles, was ihnen zu nahe kommt. Und was einmal in ein Schwarzes Loch gestürzt ist, bleibt darin. Nichts kommt mehr heraus. Nicht einmal das Licht kann ein Schwarzes Loch wieder verlassen. Daher haben diese rätselhaften Gebilde auch ihren Namen: Sie sind schwarz und unsichtbar, weil sie kein Licht aussenden. Und Löcher heißen sie, weil alles darin verschwindet.

DIE MASSE von Schwarzen Löchern ist groß, aber trotzdem unterschiedlich. Zu den leichteren Schwarzen Löchern zählen die dichten Sternreste, die bei einer Supernova-Explosion entstehen. Sie sind etwa zehnmal so schwer wie unsere Sonne. Mittelschwere Schwarze Löcher können sich nach dem Zusammenstoß von Sternen bilden. Sie sind rund 1.000-mal so schwer wie die Sonne. Die schwersten Schwarzen Löcher befinden sich in der Mitte von Galaxien wie unserer Milchstraße. Sie sind millionen- bis milliardenfach so schwer wie die Sonne.

DIE SCHWERKRAFT in der Nähe eines Schwarzen Lochs ist so groß, weil seine gesamte Masse in einem winzigen Punkt zusammengedrückt ist. Das führt zu merkwürdigen Effekten. Wenn ein Schwarzes Loch vor einem Sternhaufen stehen würde, könnten wir eine Art Heiligenschein um das Loch beobachten. Seine Schwerkraft würde die ganze Umgebung verbiegen und das Licht des Sternhaufens ablenken. Das ist aber noch nicht alles: Schwarze Löcher lassen sogar die Zeit schneller oder langsamer laufen!

So sähe ein Schwarzes Loch vor einem Sternhaufen aus.

ETA CARINAE heißt ein extrem schwerer und heller Doppelstern. Die beiden Sterne sind rund 100-mal so schwer wie unsere Sonne und leuchten millionenfach heller. Sie sind junge blaue Riesensterne. Obwohl sie erst knapp drei Millionen Jahre alt sind, werden sie bald ihren Brennstoff verbraucht haben und wahrscheinlich als Supernova explodieren. Schon jetzt beobachten die Forscher immer wieder starke Lichtausbrüche und einen Nebel um die Sterne. Vermutlich werden sie als Schwarze Löcher enden.

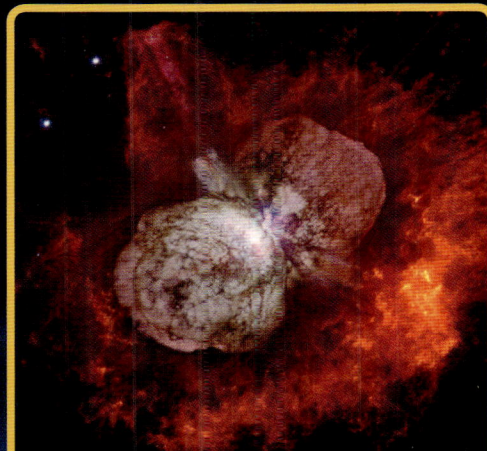

CYGNUS X-1 ist ein Doppelstern, der eine starke Strahlung aussendet. Er besteht aus einem sehr hellen blauen Riesenstern mit einem kleinen, unsichtbaren Begleitstern. Um den dunklen Stern wirbelt heißes Gas mit einer Temperatur von mehreren Millionen Grad. Das Gas erzeugt die Strahlung, die die Astronomen messen können. Vermutlich ist der kleine, geheimnisvolle Begleiter ein Schwarzes Loch. Das Gas hat es von dem blauen Riesenstern abgesaugt.

blauer Riesenstern

heißes Gas

Schwarzes Loch

DAS SCHWARZE LOCH in der Mitte unserer Milchstraße ist vier Millionen mal so schwer wie unsere Sonne. Das konnten die Forscher herausfinden, indem sie einen Stern in seiner Nähe beobachtet haben. Der Stern rast mit großer Geschwindigkeit um diese Mitte. Dabei wandelt sich seine Farbe stärker zum Roten. Beides geschieht nur, wenn der Stern etwas extrem Schweres nahe umkreist. Da an dieser Stelle aber nichts weiter zu sehen ist, schlossen die Forscher, dass sich dort ein Schwarzes Loch mit dieser großen Masse befindet.

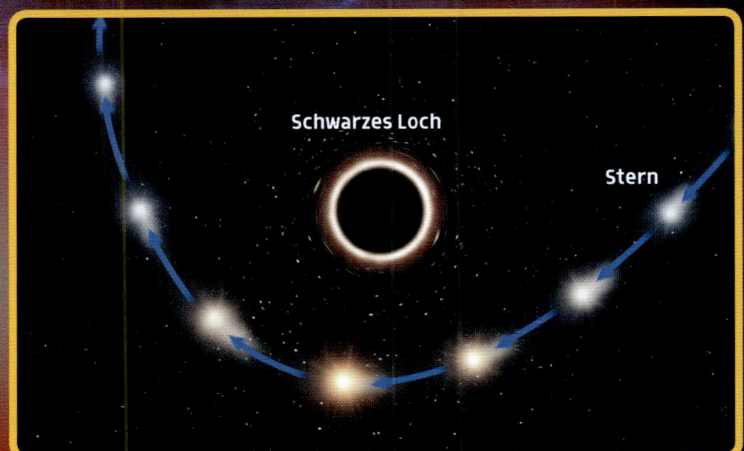

Schwarzes Loch

Stern

EIN ASTRONAUT, der sich in einer sicheren Entfernung von einem Schwarzen Loch befände, könnte nicht beobachten, wie ein Raumschiff hineinfällt. Er würde sehen, wie sich das Raumschiff dem Loch nähert und auseinandergezogen wird. Dann aber würde das Raumschiff am Ereignishorizont scheinbar „kleben" bleiben. Für den Beobachter bleibt dort die Zeit einfach stehen. Über das weitere Schicksal des Raumschiffs würde er nichts erfahren. Schwarze Löcher sind wirklich sehr seltsam!

ALLES könnte theoretisch zu einem Schwarzen Loch werden. Es müsste nur entsprechend zusammengedrückt werden. Unsere Sonne hätte als Schwarzes Loch einen Durchmesser von sechs Kilometern (statt eineinhalb Millionen Kilometern). Wir würden dann nur bemerken, dass es dunkel und kalt wäre. Ansonsten würde die Erde weiter um die Sonne kreisen. Sie wäre weit genug weg. Käme sie dem Loch allerdings zu nahe, würde sie verschlungen. Wir müssen uns aber keine Sorgen machen: Die Sonne wird nicht zu einem Schwarzen Loch. Dazu ist sie zu leicht. Es werden nur sehr schwere Sterne zu Schwarzen Löchern.

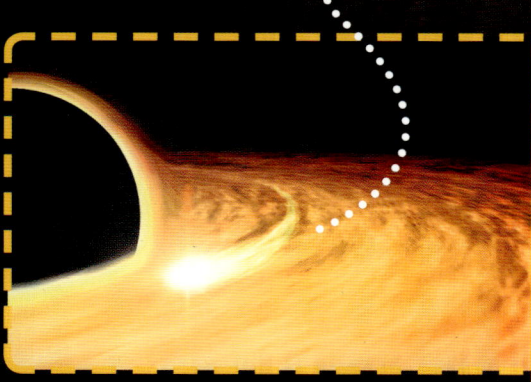

VIELE FORSCHER haben lange nicht geglaubt, dass es Schwarze Löcher wirklich gibt. Die Astronomen können heutzutage aber Sterne beobachten, die um einen schweren, unsichtbaren Doppelsternpartner kreisen. Sie können auch die starke Strahlung von heißen Gasströmen messen, die extrem schwere, dunkle Massen umwirbeln. Deshalb glauben die Forscher inzwischen, dass diese unsichtbaren Massen tatsächlich Schwarze Löcher sind. Ein Schwarzes Loch konnten sie sogar schon fotografieren!

WENN EIN RAUMSCHIFF in ein Schwarzes Loch fliegen würde, würde das so aussehen: Schon beim Näherkommen würde es durch die große Schwerkraft extrem in die Länge gezogen und an den Seiten zusammengedrückt werden. Es sähe dann aus wie eine Spaghetti-Nudel. Umkehren könnte es jetzt nicht mehr. Es würde angesaugt und vollständig zerrissen. Seine Reste würden schließlich in das Schwarze Loch stürzen. Astronauten sollten also besser nicht an Bord eines solchen Raumschiffs sein.

Ein Raumschiff würde beim Anflug auf ein Schwarzes Loch extrem lang gezogen.

Am 10. April 2019 konnten die Forscher das allererste Foto eines Schwarzen Lochs präsentieren. Es zeigt einen leuchtenden Gasring um eine dunkle Mitte. Das ist der Schatten des Schwarzen Lochs. Das Schwarze Loch befindet sich im Zentrum einer fernen Galaxie. Ihr Licht ist 55 Millionen Jahre zu uns unterwegs.

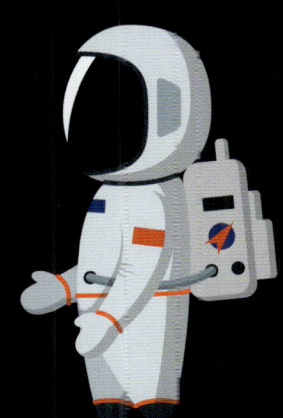

EREIGNISHORIZONT nennen die Forscher eine unsichtbare Grenze um ein Schwarzes Loch. Ab dieser Entfernung saugt das Loch alles in sich hinein. Nichts kann mehr zurück. Außerhalb dieser Grenze erfährt aber auch niemand, was im Inneren passiert. Es dringt nichts mehr nach außen. Der Abstand des Ereignishorizonts vom Loch wird als Größe des Schwarzen Lochs bezeichnet. Leichtere Schwarze Löcher sind einige Kilometer groß, extrem schwere Schwarze Löcher sind so groß wie unser ganzes Sonnensystem.

ÜBERSICHT
GALAXIEN UND WELTALL

EINE GALAXIE

IM WELTALL gibt es unvorstellbar viele Galaxien. Es sind nicht nur große Spiralgalaxien wie unsere Milchstraße. Sie haben auch andere Formen und Größen. Die meisten Galaxien stehen in Gruppen oder Haufen zusammen. Zwischen ihnen ist aber trotzdem noch viel Platz. Das Licht ist von einer Galaxie zur anderen oft Millionen Jahre unterwegs. Auch Galaxienhaufen stehen häufig nicht allein. Sie bilden mit anderen Galaxienhaufen sogenannte Superhaufen mit Tausenden von Galaxien. Zwischen den Galaxienhaufen und Superhaufen ist nichts. Dort ist das Weltall unglaublich leer.

DIE ENTFERNUNGEN im Weltall sind enorm groß. Die Forscher geben sie deswegen auch nicht in Kilometern an. Die Zahlen wären gigantisch. Stattdessen sagen sie, wie lange das Licht unterwegs ist. Die Entfernung, die das Licht in einem Jahr zurücklegt, nennen die Astronomen ein Lichtjahr. Ein Lichtjahr sind 10.000 Milliarden Kilometer. Viele Galaxien sind sogar Milliarden Lichtjahre von uns entfernt. Aufgepasst: Ein Lichtjahr ist also eine Strecke und kein Zeitraum!

Das Licht bewegt sich extrem schnell durch das Weltall. Trotzdem benötigt es von fernen Galaxien Millionen oder Milliarden Jahre bis zu uns.

UNIVERSUM – so nennen die Forscher das Weltall oft. Das Universum umfasst alles, was es gibt: Planeten, Sterne, Galaxien und den Raum dazwischen. Wir Menschen und unsere Erde gehören auch dazu, ebenso die kleinsten Bausteine aller Stoffe. Selbst die Zeit gehört zum Universum. Das Wort „Universum" stammt aus dem Lateinischen und bedeutet „gesamt". Damit ist gemeint, dass alles dazugehört. Die Forscher wissen schon recht viel über das Universum. Es gibt aber trotzdem noch jede Menge Rätsel.

EIN GALAXIENHAUFEN

UNSERE MILCHSTRASSE
ENTFERNUNG VON DER NÄCHSTEN GROSSEN GALAXIE:
mit Lichtgeschwindigkeit
3 Millionen Jahre
(also 3 Millionen Lichtjahre)

GALAXIEN UND WELTALL

SPIRAL-GALAXIEN

ANZAHL DER GALAXIEN:
über 1.000 Milliarden

DURCHMESSER:
zwischen 3.000 und 300.000 Lichtjahren

ENTFERNUNG VON DER ERDE:
von wenigen 10.000 Lichtjahren bis vielen Milliarden Lichtjahren

ANZAHL DER STERNE IN EINER GALAXIE:
von 100 Millionen bis 100.000 Milliarden

GALAXIEN gibt es im Weltall wahrscheinlich viele hundert Milliarden. Sie bestehen wiederum aus Millionen oder Milliarden von Sternen. Einige Galaxien sind Spiralgalaxien wie unsere Milchstraße. Sie haben leuchtende Arme aus bläulichen Sternen und rötlichen Gasnebeln, die um ein helles Zentrum aus gelben Sternen angeordnet sind. In den Nebeln entstehen neue Sterne. Dunkle Bereiche enthalten viel Staub. Von der Seite sehen Spiralgalaxien aus wie flache Scheiben mit einer kugeligen Mitte.

eine schöne Spiralgalaxie im Sternbild Adler

SPIRALGALAXIEN sind oft besonders schön. Einige haben sehr auffällige Spiralarme und bieten einen prachtvollen Anblick. Nicht alle Galaxien sehen wir aber von vorn. Auf einige blicken wir schräg oder sogar genau von der Seite. Dann fallen eher der dunkle Staub und das helle Zentrum in der Scheibe auf. Die Galaxie im Bild, auf die wir von der Seite blicken, ist rund 30 Millionen Lichtjahre von uns entfernt. Sie heißt Sombrero-Galaxie, weil sie aussieht wie ein mexikanischer Sombrero-Hut.

Die Sombrero-Spiralgalaxie sehen wir von der Seite.

Die bläulichen Sterne in diesem Bild verändern regelmäßig ihre Helligkeit. Die Forscher nennen sie Cepheiden.

DIE ENTFERNUNG von Galaxien können die Forscher zum Beispiel mithilfe veränderlicher Sterne messen. Die Methode ist ähnlich wie bei den Kugelsternhaufen (siehe Seite 79). Cepheiden heißen die veränderlichen Sterne, die man auch in entfernten Galaxien noch beobachten kann. Sie blähen sich auf und ziehen sich wieder zusammen. Dadurch schwankt ihre Helligkeit. Aus der gemessenen Helligkeit dieser Sterne können die Forscher ihre Entfernung berechnen. Dann wissen sie, wie weit die ganze Galaxie weg ist.

WEIT IN DIE VERGANGENHEIT blicken wir, wenn wir eine entfernte Galaxie betrachten. Die meisten Galaxien sind so weit weg, dass ihr Licht viele Millionen Jahre zu uns gereist ist. Wir sehen eine Galaxie daher so, wie sie vor Millionen Jahren ausgesehen hat. Denn damals ist das Licht von dort gestartet. Vielleicht sieht die Galaxie heute ganz anders aus. Erfahren werden wir das nicht. Denn das Licht, das sie heute ausstrahlt, benötigt wieder Millionen Jahre, bis es bei uns ankommt.

BALKEN-SPIRALGALAXIEN haben statt eines runden Zentrums eine längliche Mitte. Diese sieht aus wie ein leuchtender Balken. Der Balken besteht aus unzähligen Sternen. Es entstehen dort auch noch neue Sterne. Von den Enden des Balkens gehen die Spiralarme aus. Auch unsere Milchstraße ist eine Balken-Spiralgalaxie. Die Galaxie im Bild ist etwa so groß wie unsere Milchstraße und rund 60 Millionen Lichtjahre von uns entfernt. Sie ist eine der schönsten Balken-Spiralgalaxien.

GALAXIENPAARE gibt es im Weltall auch. Dort stehen zwei Galaxien nahe zusammen. Manchmal sind es auch mehrere. Oft sind diese Galaxien trotzdem noch Zehntausende Lichtjahre voneinander entfernt. Das sind im Weltall aber kleine Distanzen. Durch ihre Schwerkraft verformen sich die Galaxien gegenseitig. Die größere Galaxie im Bild ist eine schöne Spiralgalaxie. Auf die kleinere blicken wir von der Seite. Das Paar sieht ähnlich aus wie eine Rose: Die große Galaxie bildet die Blüte, die kleinere den Stängel.

EIN SCHWARZES LOCH sitzt wahrscheinlich im Zentrum jeder Spiralgalaxie. Die Forscher bezeichnen solche Schwarzen Löcher als supermassereiche Schwarze Löcher. Sie sind oft millionenfach schwerer als unsere Sonne. Viele von ihnen verhalten sich „ruhig": Es sind weder größere Mengen an Gas noch Sterne in der Nähe, die sie verschlingen könnten. Sie senden daher wenig Strahlung aus. Das gilt auch für das Schwarze Loch im Zentrum unserer Milchstraße.

GALAXIEN UND WELTALL

ANDERE GALAXIEN

DIE MEISTEN GALAXIEN sind keine Spiralgalaxien. Sie sind anders geformt und haben keine Spiralarme. Einige Galaxien sind rund oder länglich. Die Forscher nennen sie elliptische Galaxien. Es gibt auch Galaxien, die gar keine erkennbare Form haben. Sie heißen irreguläre Galaxien. Einige Galaxien sind riesig, andere sehr klein im Vergleich zu unserer Milchstraße. Alle Galaxien werden wie die Spiralgalaxien durch ihre Schwerkraft zusammengehalten.

ELLIPTISCHE GALAXIEN haben eine kugelige oder eiförmige Gestalt. Ihre Sterne sind gleichmäßig um ein helles Zentrum verteilt. Besondere Strukturen zeigen sie nicht. Sie bestehen aus alten, roten Sternen und enthalten kaum noch Gas- und Staubwolken. Deswegen entstehen auch keine neuen Sterne mehr. Manche elliptischen Galaxien sind besonders groß. Sie sind rund zehnmal so groß wie unsere Milchstraße. Wahrscheinlich sind diese Riesengalaxien durch die Verschmelzung von vielen kleineren Galaxien entstanden.

eine elliptische Galaxie

ZUSAMMENSTÖSSE von Galaxien kann man auch heute noch beobachten – wie bei den beiden Spiralgalaxien im Bild. Die Sterne stoßen dabei fast nie zusammen. Es ist genügend Platz zwischen ihnen. Sie werden durch die Schwerkraft der anderen Galaxie höchstens aus ihren Bahnen geschleudert. Die Gas- und Staubwolken der Galaxien treffen aber aufeinander. Dann bilden sich darin besonders viele neue Sterne. Durch den Zusammenstoß verlieren die Spiralgalaxien allmählich ihre Form. In rund einer Milliarde Jahren werden sich die beiden Galaxien im Bild zu einer großen elliptischen Galaxie vereinigt haben.

IRREGULÄRE GALAXIEN haben keine bestimmte Form. Sie wirken meist etwas ausgefranst. Manche sind durch die Schwerkraft einer benachbarten Galaxie durcheinandergewirbelt worden. Andere sind durch die Verschmelzung kleinerer Galaxien entstanden. Irreguläre Galaxien bestehen meist aus weniger Sternen als große Galaxien. Sie enthalten aber häufig noch größere Mengen an Gas und Staub. Daher können bei Begegnungen mit anderen Galaxien viele neue Sterne in ihnen entstehen.

eine irreguläre Galaxie

ZWERGGALAXIEN heißen die kleinsten Galaxien, die es gibt. Sie kommen sehr häufig vor. Sie leuchten aber nur schwach und enthalten deutlich weniger Sterne als die Milchstraße. Die meisten haben eine elliptische oder irreguläre Form. Oft stehen sie in der Nähe einer größeren Galaxie. Dort kann die Schwerkraft der großen Galaxie die Zwerggalaxie stark „zerrupfen". Das ist auch der Zwerggalaxie neben der sogenannten Strudelgalaxie passiert.

die Strudelgalaxie

eine Zwerggalaxie

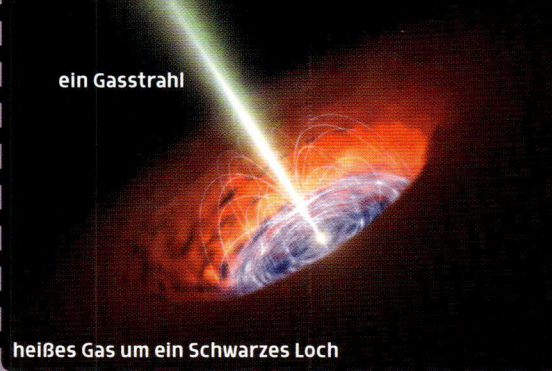

ein Gasstrahl

heißes Gas um ein Schwarzes Loch

AKTIVE GALAXIEN haben ein besonders helles Zentrum. Wahrscheinlich ist hier ein supermassereiches Schwarzes Loch aktiv und saugt Gas an. Das Gas dreht sich sehr schnell um das Loch. Dabei wird es extrem heiß und leuchtet sehr hell. Ein Teil des Gases fällt aber nicht in das Loch. Es wird in Strahlen aus der Galaxie geschleudert. Schwarze Löcher werden durch das „Verschlucken" von Gas oder Sternen immer schwerer. Wenn sie in ihrer Nähe nichts mehr ansaugen können, werden sie ruhig und unauffällig.

ein Gasstrahl

ein Gasstrahl

die Galaxie Centaurus A

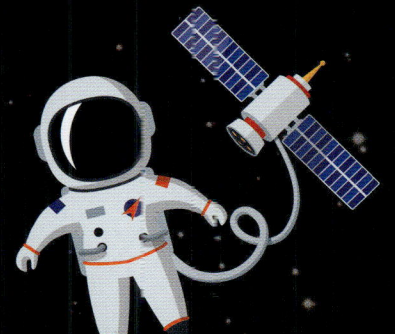

Die aktive Galaxie Centaurus A sehen wir von der Seite. Das Schwarze Loch in ihrem Zentrum schleudert Gasstrahlen nach oben und unten aus der Galaxie.

QUASARE heißen die hellsten aktiven Galaxien. Die Forscher haben festgestellt, dass Quasare Milliarden Lichtjahre von uns entfernt sind. Wegen der riesigen Entfernungen sehen die Astronomen bei ihrer Beobachtung weit in die Vergangenheit. Sie glauben daher, dass Quasare sehr junge Galaxien aus der Frühzeit des Weltalls sind. Trotz der großen Entfernung sind sie aber noch gut sichtbar. Sie müssen daher extrem hell sein. Die Forscher halten es für möglich, dass alle Galaxien früher einmal Quasare mit aktiven Schwarzen Löchern waren.

GALAXIEN UND WELTALL
DIE LOKALE GRUPPE

DURCHMESSER:
fünf bis acht Millionen Lichtjahre

ANZAHL DER GALAXIEN:
drei Spiralgalaxien und rund 60 Zwerggalaxien

LOKALE GRUPPE heißt eine Gruppe von Galaxien, zu der auch unsere Milchstraße gehört. „Lokal" bedeutet, dass diese Galaxien alle in unserer Nähe stehen. Die Gruppe besteht aus drei großen Spiralgalaxien und rund 60 kleinen Zwerggalaxien. Die Milchstraße ist eine der Spiralgalaxien, sie ist aber nicht die größte. Die größte Galaxie der Lokalen Gruppe heißt Andromeda-Galaxie. Die dritte Spiralgalaxie wird Dreiecks-Galaxie genannt. Sie ist deutlich kleiner als die Milchstraße und die Andromeda-Galaxie.

DIE ANDROMEDA-GALAXIE

ist eine schöne, große Spiralgalaxie. Sie ist rund eineinhalbmal so groß wie die Milchstraße. Die Galaxie steht im Sternbild Andromeda, daher hat sie ihren Namen. Von der Milchstraße aus sehen wir sie fast von der Seite. Auch die Andromeda-Galaxie besteht aus Sternen, Gas und Staub. Anders als die Milchstraße hat sie aber keinen Balken in der Mitte, sie ist eine „normale" Spiralgalaxie. Die Andromeda-Galaxie ist fast drei Millionen Lichtjahre von uns entfernt.

DREIECKS-GALAXIE

heißt die dritte Spiralgalaxie der Lokalen Gruppe. Sie steht im Sternbild Dreieck. Die Dreiecks-Galaxie ist nur halb so groß wie die Milchstraße. Auch sie ist eine Spiralgalaxie ohne Balken. Die Dreiecks-Galaxie ist nicht weit entfernt von der Andromeda-Galaxie. Wahrscheinlich zieht die Schwerkraft der großen Andromeda-Galaxie kräftig an ihr. Vor Milliarden von Jahren sind sich die beiden Galaxien schon einmal recht nahe gekommen. In ferner Zukunft könnte das wieder passieren.

EIN ZUSAMMENSTOSS mit der Andromeda-Galaxie steht unserer Milchstraße in rund vier Milliarden Jahren bevor. Die Astronomen haben nämlich festgestellt, dass sich die beiden Galaxien aufeinander zubewegen. Es ist möglich, dass unser Sonnensystem dabei in die Außenbezirke der Milchstraße geschleudert wird. Es wird aber wohl nicht zerstört. Die beiden Spiralgalaxien werden am Ende zu einer elliptischen Riesengalaxie verschmelzen. Sie hat sogar schon einen Namen: Milkomeda. Bis es so weit ist, dauert es aber noch sehr lange!

So könnte es aussehen, wenn sich unsere Milchstraße und die Andromeda-Galaxie näher kommen.

DIE MEISTEN ZWERGGALAXIEN der Lokalen Gruppe scharen sich um die beiden großen Spiralgalaxien Milchstraße und Andromeda-Galaxie. Sie werden durch ihre Schwerkraft festgehalten. Im Jahr 2003 haben die Astronomen eine Zwerggalaxie ganz in der Nähe unserer Milchstraße entdeckt. Sie heißt Canis-Major-Zwerggalaxie. Die Forscher vermuten, dass sie durch die Schwerkraft der Milchstraße zerrissen wird. Am Ende wird die Milchstraße die kleine Galaxie vollkommen „verschlungen" haben.

MAGELLANSCHE WOLKEN heißen die beiden bekanntesten Begleitgalaxien unserer Milchstraße. Sie sind nach dem portugiesischen Seefahrer Ferdinand Magellan benannt. Die Magellanschen Wolken sind am Nachthimmel gut sichtbar. Bei uns sind sie aber nicht zu finden. Man muss weit nach Süden reisen, um sie zu beobachten – zum Beispiel nach Südafrika oder Australien. Die beiden kleinen Galaxien gehören zu den irregulär geformten Zwerggalaxien. Sie sind rund 200.000 Lichtjahre von uns entfernt.

EINE SUPERNOVA konnten die Astronomen im Jahr 1987 in der Großen Magellanschen Wolke beobachten. Das ist die Explosion eines schweren Sterns am Ende seines Lebens (siehe Seite 81). Der Stern war 17-mal schwerer als unsere Sonne. Die Astronomen nennen das Ereignis Supernova 1987A. Es war die nächstgelegene Supernova, die die Forscher in den letzten Jahrhunderten beobachten konnten. Die Explosion ereignete sich am Rand des Tarantel-Nebels. Das ist ein riesiger Gasnebel, in dem neue Sterne entstehen (siehe Seite 75).

GALAXIEN UND WELTALL
DAS WELTALL

IM WELTALL stehen Galaxien meist in Gruppen oder Haufen zusammen. Sie bilden sogenannte Galaxienhaufen. Die Haufen werden durch die Schwerkraft zusammengehalten. Galaxienhaufen sind aber noch nicht die größten Strukturen im Weltall. Viele Galaxienhaufen bilden gemeinsam Superhaufen. Das sind gigantische Ansammlungen von Galaxienhaufen. Haufen und Superhaufen stehen im Weltall in langen Ketten zusammen. Sie umschließen riesige, leere Bereiche.

GRÖSSE:
vielleicht unendlich groß

ALTER:
knapp 14 Milliarden Jahre

In einem Galaxienhaufen stehen viele Galaxien zusammen.

GALAXIENHAUFEN bestehen aus Hunderten oder Tausenden von Galaxien. Im Zentrum eines Haufens steht oft eine riesige elliptische Galaxie. An den Haufenrändern sind auch Spiralgalaxien zu finden. Unser Galaxienhaufen ist die Lokale Gruppe. Sie hat nur knapp hundert Mitglieder. So kleine Haufen nennen die Forscher Gruppen. Der nächste große Galaxienhaufen ist der sogenannte Virgo-Galaxienhaufen mit rund 2.000 Galaxien. Er ist rund 55 Millionen Lichtjahre von uns entfernt.

der Virgo-Galaxienhaufen

SUPERHAUFEN werden von vielen Galaxienhaufen gebildet. Unsere Lokale Gruppe und der benachbarte Virgo-Galaxienhaufen gehören zum gleichen Superhaufen. Er heißt Laniakea-Superhaufen. Laniakea ist Hawaiianisch und bedeutet „unermesslicher Himmel". Sein Durchmesser beträgt rund 500 Millionen Lichtjahre. Der Superhaufen setzt sich aus ungefähr 500 Galaxienhaufen zusammen. Jeder Galaxienhaufen besteht wiederum aus Hunderten oder Tausenden von Galaxien. Eine davon ist unsere Milchstraße!

So stellen sich die Forscher unser Weltall vor.

WIE BADESCHAUM sieht unser Weltall als Ganzes aus! Das konnten die Forscher feststellen, indem sie Tausende von Galaxien genau beobachtet haben. Die gigantischen „Blasen" des Schaums werden von Galaxienhaufen und Superhaufen geformt. In den Blasen selbst ist praktisch nichts. Sie sind leer. Die Forscher nennen sie „Voids". Das ist Englisch und heißt „Lücken". Die Voids können mehrere hundert Millionen Lichtjahre groß sein.

DAS WELTALL dehnt sich aus – das haben die Astronomen vor rund hundert Jahren festgestellt. Es bläht sich auf wie ein Luftballon, den man aufbläst. Dadurch entfernen sich Galaxienhaufen und Superhaufen immer weiter voneinander und die Leerräume dazwischen werden größer. Je weiter eine Galaxie weg ist, umso schneller entfernt sie sich von uns. Für nahe Galaxien gilt das allerdings nicht. Die Schwerkraft hält sie zusammen so wie die Milchstraße und die Andromeda-Galaxie.

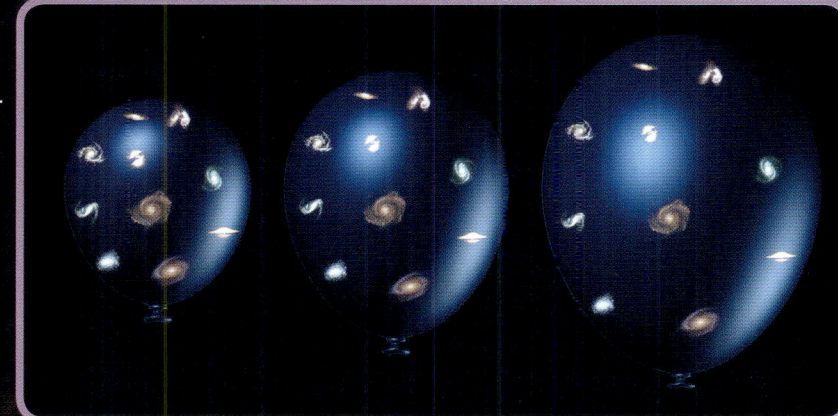

WIE WEIT können wir eigentlich ins Weltall schauen? Die Antwort auf diese Frage ist nicht ganz einfach. Die Astronomen wissen, dass das Weltall knapp 14 Milliarden Jahre alt ist. Licht von irgendwoher kann also nicht länger als 14 Milliarden Jahre zu uns gereist sein. In dieser Zeit hat sich das Weltall aber weiter ausgedehnt. Galaxien, die früher näher waren, sind heute weiter weg. Die Forscher haben berechnet, dass wir deshalb rund 47 Milliarden Lichtjahre weit sehen können.

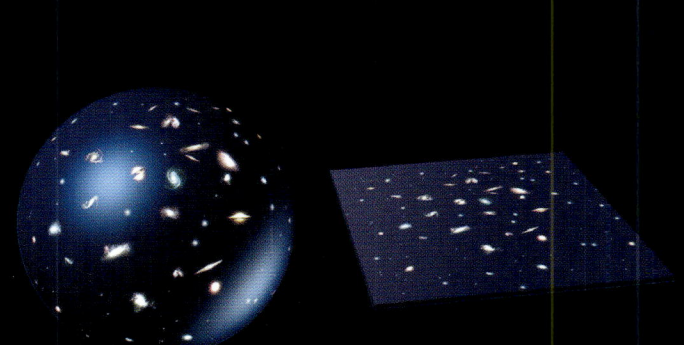
Das Weltall könnte einer Kugel gleichen oder einem Blatt Papier.

WIE GROSS ist das Weltall? Ist es unendlich groß? Das wissen auch die Forscher nicht. Leider können sie nicht bis an den Rand des Weltalls schauen. Vielleicht gibt es auch gar keinen. Das Weltall könnte zum Beispiel ähnlich sein wie die Erdoberfläche. Dann könnte man sich immer weiter in eine Richtung bewegen, ohne an ein Ende zu gelangen. Trotzdem ist die Erdoberfläche nicht unendlich groß. Vielleicht gleicht das Weltall aber auch einem riesigen Blatt Papier. Dann könnte es unendlich groß sein. Klar ist auf jeden Fall, dass es gigantisch groß ist.

GALAXIEN UND WELTALL
DER URKNALL

DIE ASTRONOMEN wissen, dass sich das Weltall heute immer weiter ausdehnt. Früher muss es daher kleiner gewesen sein. Die meisten Forscher glauben sogar, dass das Weltall aus einem winzigen Punkt durch eine Art Explosion hervorgegangen ist. Man bezeichnet das als Urknall. Daraus hat sich alles entwickelt, was es heute gibt. Zunächst entstanden einfache Grundbausteine. Später haben sich Sterne und Galaxien gebildet und schließlich auch die Erde und wir Menschen.

DER URKNALL fand vor rund 14 Milliarden Jahren statt. So alt ist unser Weltall schon. Was genau im Moment des Urknalls geschah, wissen die Forscher nicht. Sie haben aber eine schwache, gleichmäßige Strahlung am Himmel entdeckt. Man nennt sie kosmische Hintergrundstrahlung. Die Forscher glauben, dass sie das Nachleuchten des Urknalls ist. Sie ist also ein Hinweis darauf, dass es den Urknall wirklich gegeben hat. Was nach dem Urknall geschah, wissen die Astronomen heute recht genau.

So entwickelte sich unser Weltall.

- der Urknall
- die kosmische Hintergrundstrahlung
- nach 400 Millionen Jahren: die ersten Sterne und Galaxien
- unsere Milchstraße
- nach neun Milliarden Jahren: unser Sonnensystem mit der Erde
- nach 14 Milliarden Jahren: das Weltall heute

EIN WINZIGER, HEISSER FEUERBALL — das war das Weltall am Anfang. Es war viel kleiner als ein Stecknadelkopf und milliardenfach heißer als ein Stern. Dann dehnte es sich aus und kühlte ab. Dabei bildeten sich die kleinsten Bausteine, aus denen alles besteht: die Sterne, unsere Erde, Häuser, Autos und wir selbst. Nach wenigen Minuten waren daraus die leichtesten Stoffe entstanden: Wasserstoff und Helium. Alle anderen Stoffe wie Sauerstoff oder Eisen haben sich später im Inneren von Sternen gebildet.

DIE ERSTEN STERNE leuchteten nach etwa 400 Millionen Jahren auf. Sie entstanden in riesigen Gaswolken aus Wasserstoff und Helium. Viele Sterne vereinten sich zu kleinen Galaxien. Die Galaxien verschmolzen im Laufe der Zeit und wurden immer größer. So ist auch unsere Milchstraße entstanden. Nach rund neun Milliarden Jahren entwickelte sich in einem Spiralarm der Milchstraße unser Sonnensystem. Dabei bildete sich auch unsere Erde, auf der etwa eine Milliarde Jahre später erstes Leben entstand.

der große Beschleuniger beim CERN

DIE FORSCHER untersuchen heutzutage auch im Labor, was kurz nach dem Urknall geschah. Dazu schießen sie mit einer riesigen Maschine kleine Teilchen mit enormer Wucht aufeinander. Die Maschine bezeichnet man als Beschleuniger. Die Teilchen werden bei den gewaltigen Zusammenstößen in noch kleinere Bausteine zerlegt. Kurzzeitig herrscht dann eine extreme Hitze wie direkt nach dem Urknall. Ein solches Experiment gibt es zum Beispiel beim Forschungsinstitut CERN in der Schweiz.

WAS WAR VOR DEM URKNALL? Das weiß niemand. Nach der Theorie der Astronomen ist beim Urknall alles erst entstanden. Das gilt auch für den Raum, den das Weltall einnimmt, und sogar für die Zeit. Demnach gab es einfach keine Zeit vor dem Urknall. Einige Forscher halten es aber für möglich, dass es vor dem Urknall ein anderes Weltall gegeben hat. Vielleicht ist dieses Weltall in sich zusammengefallen und dehnt sich jetzt wieder aus. Das wäre dann unser Weltall. Eine einfache Antwort gibt es jedenfalls nicht.

GEKNALLT hat es übrigens beim Urknall nicht. Im Gegenteil, es war völlig still. Das klingt seltsam, aber für einen Knall braucht man so etwas wie Luft. Man kann ihn sonst nicht hören. Luft gab es aber nicht. Der Urknall müsste daher besser Urblitz heißen. Es war nämlich gleißend hell und heiß.

GALAXIEN UND WELTALL
UNSICHTBARES

DIE FORSCHER haben in den letzten Jahrzehnten festgestellt, dass sie vieles im Weltall mit ihren Teleskopen gar nicht sehen können. Nach ihren Berechnungen muss es nämlich noch deutlich mehr geben als leuchtende Sterne und Galaxien. Ein riesiger Teil des Weltalls scheint dunkel und unsichtbar zu sein. Die Forscher vermuten, dass er aus dunkler Materie und dunkler Energie besteht. Was das ist, wissen sie selbst noch nicht. Der dunkle Teil des Weltalls ist bis heute ein großes Rätsel!

VIELE GALAXIEN dürfte es eigentlich gar nicht geben. Einige ihrer Sterne bewegen sich so schnell, dass sie davonfliegen müssten. Die Schwerkraft der sichtbaren Sterne und Gaswolken reicht jedenfalls nicht aus, um sie festzuhalten. Das Gleiche gilt für Galaxienhaufen. Auch sie müssten auseinandertreiben. Galaxien und Haufen sind aber stabil. Die Forscher glauben deswegen, dass es noch etwas anderes gibt, das sie zusammenhält. Sie nennen es dunkle Materie.

In Galaxien muss es sehr viel dunkle Materie geben.

BEMERKBAR macht sich die dunkle Materie nur durch ihre Schwerkraft. Sie wirkt wie eine Art Klebstoff und hält Galaxien und Haufen zusammen. Sehen kann man sie nicht. Sie verrät sich aber manchmal dadurch, dass ihre Schwerkraft das Licht von dahinterliegenden Sternen oder Galaxien ablenkt. So entstehen Lichtbögen, die die Astronomen um Galaxienhaufen häufig beobachten. Die dunkle Materie hat bei der Entwicklung von Sternen und Galaxien vermutlich eine große Rolle gespielt.

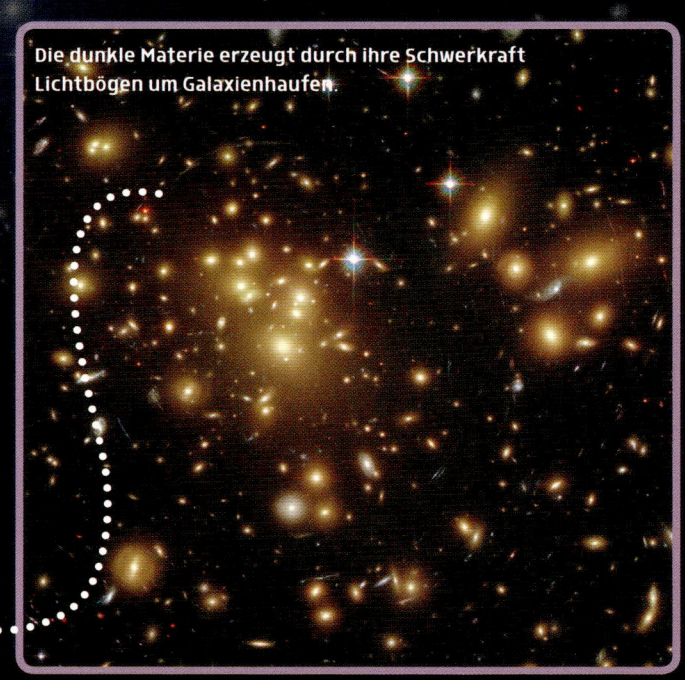
Die dunkle Materie erzeugt durch ihre Schwerkraft Lichtbögen um Galaxienhaufen.

DUNKLE MATERIE – was das ist, weiß bis heute niemand genau. Aber sie kommt überall vor. Die Forscher suchen deswegen auch auf der Erde nach ihr. Dazu stellen sie Messgeräte tief unterhalb von Bergen auf. Dorthin gelangt kaum etwas. Die dunkle Materie kann aber alles durchdringen. Auch mit großen Beschleunigern wie beim Forschungsinstitut CERN und einem Gerät auf der Internationalen Raumstation suchen die Forscher nach ihr. Sie glauben, dass die dunkle Materie aus kleinen Teilchen besteht, die die Forscher noch nicht kennen. Gefunden haben sie aber noch nichts.

Mit diesem Gerät suchen die Forscher auf der Internationalen Raumstation nach dunkler Materie.

DAS WELTALL dehnt sich aus, das wissen die Forscher schon lange. Eigentlich sollte es heute aber langsamer auseinanderfliegen als früher. Die Schwerkraft der Galaxien und der dunklen Materie bremst ja die Ausdehnung. Stattdessen dehnt es sich immer schneller aus. Das stellt die Astronomen vor ein weiteres Rätsel. Die unbekannte Kraft, die das bewirkt, nennen sie „dunkle Energie". Sie wirkt andersherum als die Schwerkraft und erzeugt eine Art Abstoßung zwischen den Galaxien.

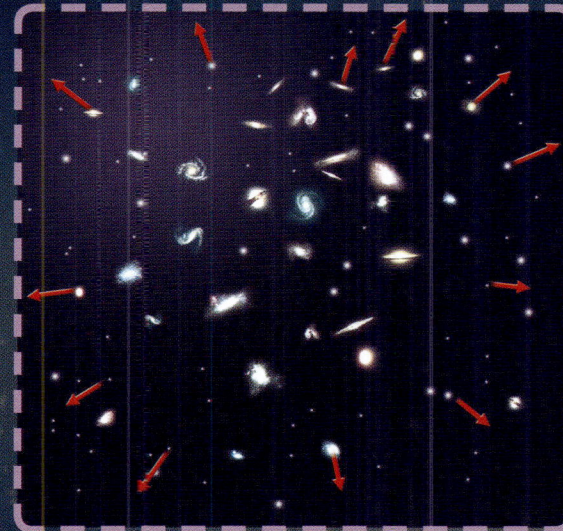

Durch die dunkle Energie fliegen die Galaxien immer schneller auseinander.

DUNKLE ENERGIE – sie ist noch rätselhafter als die dunkle Materie. Die Forscher haben zwar einige Ideen, worum es sich dabei handeln könnte. Niemand weiß es aber wirklich. Um mehr über die dunkle Energie und den Aufbau des Weltalls herauszufinden, beobachten die Astronomen mit großen Teleskopen die Verteilung von Galaxien und Galaxienhaufen am Himmel.

FAST NICHTS sehen wir vom Weltall – das haben die Astronomen inzwischen herausgefunden. Galaxien, Sterne, Planeten, Pflanzen, Tiere, uns selbst und vieles mehr – das alles können wir sehen. Das ist eine ganze Menge. Aber es gibt noch fünfmal mehr dunkle Materie und 14-mal mehr dunkle Energie im Weltall. Fast das gesamte Weltall ist dunkel und unbekannt! Der Teil, den wir sehen können, ist winzig klein.

der Anteil der dunklen Energie

der Anteil der dunklen Materie

der sichtbare Teil des Weltalls

Der sichtbare Teil des Weltalls ist sehr klein. Es gibt viel mehr dunkle Materie und noch viel mehr dunkle Energie. Beide sind unsichtbar.

GALAXIEN UND WELTALL
DIE ZUKUNFT

DAS WELTALL dehnt sich immer schneller aus. Aber wird das ewig so weitergehen? Schließlich wirkt die Schwerkraft von Sternen, Galaxien und der dunklen Materie dabei wie eine Bremse. Die Forscher können die Zukunft des Weltalls nicht mit Sicherheit voraussagen. Sie wissen zu wenig über die dunkle Materie, die zur Abbremsung beiträgt, und die dunkle Energie, die wie eine Abstoßungskraft wirkt. Sie halten aber verschiedene Entwicklungen für möglich.

KEINE SORGE – das Ende des Weltalls werden wir nicht erleben. Es ist noch extrem weit entfernt. Niemand wird es mitbekommen, denn auf der Erde wird es dann kein Leben mehr geben. Zu dieser Zeit ist die Sonne schon lange ausgebrannt. Aber auch das muss uns nicht beunruhigen. Denn die Sonne leuchtet noch einige Milliarden Jahre weiter wie bisher. Uns wird das alles nicht betreffen. Das Ende des Weltalls ist für uns wie Science-Fiction.

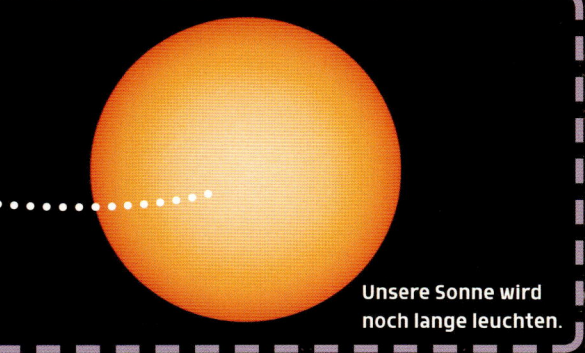

Unsere Sonne wird noch lange leuchten.

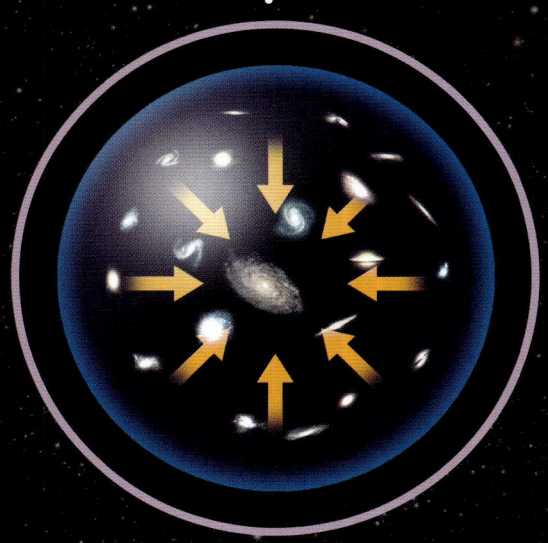

BIG CRUNCH – so nennen die Forscher ein mögliches Ende des Weltalls. Das heißt übersetzt „das große Zusammenkrachen". Dabei wird die Ausdehnung des Weltalls gestoppt, und eines Tages fällt es wieder in sich zusammen. Zum Schluss wird das Weltall in einen winzigen Punkt gequetscht – genau wie beim Urknall. Das passiert, wenn die Schwerkraft der Galaxien und der dunklen Materie so groß ist, dass sie das Weltall wieder zusammenziehen kann. Die Forscher halten einen Big Crunch aber eher für unwahrscheinlich.

BIG RIP – das ist die zweite Möglichkeit. Auf Deutsch heißt das „das große Zerreißen". Der Big Rip ist das Gegenteil von einem Big Crunch. Das Weltall fliegt dann immer schneller auseinander. Die Schwerkraft reicht nicht aus, um die Ausdehnung erheblich zu bremsen.

Die dunkle Energie gewinnt die Oberhand und treibt alles voneinander weg. Immer mehr Galaxien entfernen sich und verschwinden aus unserem Blickfeld. Am Ende werden Galaxien, Sterne und Planeten sogar zerrissen. Das ist eine seltsame Vorstellung.

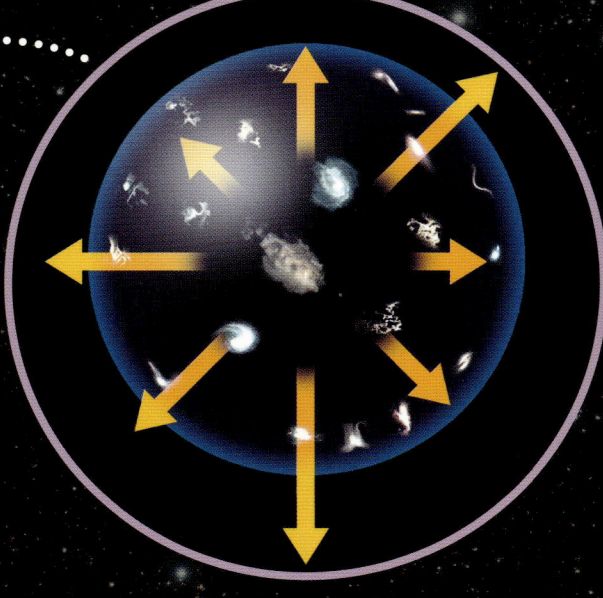

BIG CHILL heißt übersetzt „die große Kälte". Diese Möglichkeit halten die Astronomen für die wahrscheinlichste. Dabei dehnt sich das Weltall über einen unendlich langen Zeitraum immer weiter aus. Alles geht ganz allmählich zu Ende. Zunächst entfernen sich die Galaxienhaufen immer weiter voneinander. Wenn das Weltall 100-mal so alt ist wie heute, erlöschen die letzten Sterne. Neue Sterne entstehen nicht mehr. Die Gas- und Staubwolken sind aufgebraucht. Es wird ganz langsam dunkel und kalt im Weltall.

WIE SCHÖN ist es doch, dass wir heute leben. Zukunft und Ende des Weltalls klingen schon ein wenig gruselig. Aber das Weltall wird noch viele Milliarden Jahre existieren. Auch die Sonne leuchtet nach wie vor gleichmäßig und lässt das Leben auf der Erde sprießen. Wir müssen uns heute eher darum sorgen, dass wir unsere Erde nicht durch Umweltverschmutzung selbst zerstören!

EIN „MULTIVERSUM" könnte unser Universum in Wirklichkeit sein. Das glauben die Forscher. Dann wäre unser Weltall nicht das einzige, sondern es gäbe noch viele andere. Sie könnten ähnlich sein wie unseres oder auch ganz anders. Vielleicht gibt es woanders keine Sterne und auch kein Leben. Erfahren werden wir das aber wahrscheinlich nie.

GALAXIEN UND WELTALL
GEHEIMNISSE

GEHEIMNISVOLL ist das Weltall bis heute. Die Forscher können noch lange nicht alles erklären. Vor allem reichen unsere Erfahrungen von der Erde dazu nicht aus. Denn im All ist vieles anders als auf der Erde. Die Entfernungen sind gigantisch, die Massen von Sternen, Galaxien oder Schwarzen Löchern sind riesig, es ist extrem heiß oder kalt und vieles mehr. Was unter solchen Umständen geschieht, können die Astronomen nur mit speziellen Überlegungen und Formeln erklären. Besonders wichtig ist dabei die Relativitätstheorie.

DIE RELATIVITÄTSTHEORIE wurde von Albert Einstein entwickelt. Er war Physiker und starb 1955. Noch immer ist er weltberühmt. Mit seiner Theorie können die Astronomen zum Beispiel beschreiben, was in der Nähe eines Schwarzen Lochs passiert oder wie sich das Weltall nach dem Urknall entwickelt hat. Die Theorie erklärt auch, warum Sterne leuchten und warum wir um manche Galaxien Lichtbögen beobachten können. Es lässt sich daraus aber auch einiges ableiten, das wir uns kaum vorstellen können.

Albert Einstein

ein Lichtbogen um eine Galaxie

DIE LICHTGESCHWINDIGKEIT ist die höchste Geschwindigkeit, die es gibt. Das folgt aus der Relativitätstheorie. Das Licht rast in jeder Sekunde 300.000 Kilometer vorwärts. Leider kann sich aber nur das Licht so schnell bewegen. Raumschiffe können das nicht. Denn nach der Relativitätstheorie würde man dazu unendlich viel Antriebsenergie benötigen. Ein Raumschiff mit Lichtgeschwindigkeit – wie wir es uns in diesem Buch so oft vorgestellt haben – gibt es also nicht! Es wäre in jedem Fall langsamer.

EINE REISE IN DIE ZUKUNFT ist nach der Relativitätstheorie im Prinzip möglich. Dazu müsste ein Astronaut einen jahrelangen Flug in einem fast lichtschnellen Raumschiff unternehmen. Wegen der hohen Geschwindigkeit würde die Zeit in seinem Raumschiff langsamer verstreichen als auf der Erde. Bei seiner Rückkehr wären auf der Erde also deutlich mehr Jahre vergangen als in seinem Raumschiff. Der Astronaut wäre jung geblieben, während seine Freunde auf der Erde stark gealtert wären. Das klingt seltsam, oder? So schnelle Raumschiffe gibt es bisher auch nicht.

Ein Astronaut wäre nach einer langen Reise in einem extrem schnellen Raumschiff deutlich jünger als sein Freund auf der Erde.

SELBST IN UNSEREM ALLTAG spielt die Relativitätstheorie inzwischen eine wichtige Rolle. Das gilt zum Beispiel für Navigationssysteme. Ein Navi empfängt Signale von Satelliten, die um die Erde kreisen. Aus den Signalen berechnet das Gerät den Ort, an dem wir uns befinden. Weil sich die Satelliten aber schnell bewegen und weit von der Erde entfernt sind, muss dabei die Relativitätstheorie berücksichtigt werden. Sonst wären die Ergebnisse falsch und wir würden unser Ziel nicht finden.

DIE QUANTENTHEORIE ist die zweite wichtige Theorie, die die Forscher entwickelt haben, um die Welt und das Weltall zu verstehen. Mit der Quantentheorie können sie zum Beispiel erklären, woraus Stoffe bestehen. Ihre winzigen Bausteine nennt man Atome. Sie sind so klein, dass man sie noch nicht einmal unter dem Mikroskop sehen kann. Fast alles, was wir sehen können, besteht aus Atomen oder ihren noch kleineren Bestandteilen.

DIE WELTFORMEL – danach suchen viele Forscher heute. Das wäre eine Theorie, mit der sich praktisch alles erklären ließe. Die Relativitätstheorie beschreibt das Weltall sehr gut und die Quantentheorie die Welt der kleinsten Teilchen. Keine der Theorien kann aber erklären, was genau beim Urknall geschah oder wie es in einem Schwarzen Loch aussieht. Dazu müsste aus den beiden Theorien eine große neue Theorie gemacht werden. Leider ist das extrem kompliziert, und bisher hat es noch niemand geschafft.

Niemand weiß bisher, wie es in einem Schwarzen Loch aussieht. Dazu brauchen die Forscher eine neue Theorie.

ÜBERSICHT
BEOBACHTEN UND ERKUNDEN

DER STERNENHIMMEL fasziniert uns
Menschen seit Jahrtausenden. Schon früher haben alte Völker Sterne zu Sternbildern zusammengefasst und ihnen Namen gegeben. So gibt es zum Beispiel das Sternbild Stier oder das Sternbild Widder. Zu jeder Jahreszeit sehen wir andere Sternbilder am Himmel. Das liegt daran, dass die Erde im Laufe eines Jahres um die Sonne wandert. Die Erde dreht sich auch einmal am Tag um sich selbst. Deswegen wandern die Sternbilder nachts über den Himmel – so wie tagsüber die Sonne.

So stellten sich die alten Griechen das Sternbild Widder vor.

PLANETEN sehen am Himmel ähnlich aus wie Sterne. Sie sind aber keine Sterne. Die Planeten werden von der Sonne angestrahlt und leuchten nicht selbst. Sie sind viel näher als die Sterne. Wie die Erde wandern die Planeten um die Sonne. Daher bewegen sie sich im Laufe von Wochen durch die Sternbilder und verändern ihre Positionen am Himmel. Planeten laufen immer nur durch bestimmte Sternbilder. Sie heißen Tierkreissternbilder, weil viele von ihnen Tiernamen haben. Der Widder gehört auch dazu.

MOND UND SONNE sind am einfachsten zu beobachten. Sie sind so hell, dass du sie sofort findest. Der Mond zeigt sich in unterschiedlichen Formen. Mal steht er als Vollmond am Himmel, mal als Halbmond. Manchmal ist er sogar tagsüber zu sehen. Der Mond ist unser nächster Begleiter im All. Er kreist um die Erde. Die Sonne kannst du nur tagsüber beobachten. Nachts steht sie unter dem Horizont. Dann ist ihr gleißend helles Licht nicht zu sehen. Deswegen ist es nachts dunkel und wir können die Sterne erkennen.

BEOBACHTEN UND ERKUNDEN

DEINE AUSRÜSTUNG

DIE STERNE kannst du abends gemeinsam mit deinen Eltern beobachten. Dazu sollte der Himmel an deinem Beobachtungsplatz möglichst wenig von Bäumen oder Häusern verdeckt sein. Mit dem bloßen Auge kannst du dann in einer sternklaren Nacht schon Tausende Sterne funkeln sehen. Du kannst auch Sternhaufen, Gasnebel oder eine Galaxie finden. Auf einer Sternkarte erfährst du, was du alles beobachten kannst. Sternkarten für jede Jahreszeit gibt es in diesem Buch auf den Seiten 110 bis 117.

DUNKEL muss es sein, damit du die Sterne sehen kannst. Im Winter ist es schon früh dunkel. Bei klarem Himmel kannst du abends um sechs Uhr schon die Sterne sehen. Im Sommer musst du lange warten. Richtig dunkel wird es eine Zeit lang erst gegen elf Uhr nachts. In unseren Städten wird es wegen der vielen Lichter überhaupt nicht richtig dunkel. Wenn du in einer Stadt wohnst, solltest du mit deinen Eltern zum Sternegucken einmal aufs Land fahren.

Unsere Städte sind so hell erleuchtet, dass es dort auch nachts nicht richtig dunkel wird.

EINE TASCHENLAMPE ist zum Sternegucken wichtig. So hast du in der Dunkelheit etwas Licht. Damit dich das Licht nicht stört, kannst du der Taschenlampe einen roten Luftballon überziehen. Rotes Licht blendet im Dunkeln viel weniger als weißes Licht. Warm anziehen musst du dich zu jeder Jahreszeit. Auch im Sommer kann es nachts kalt werden. Du brauchst eine Jacke, lange Hosen und warme Schuhe, im Winter auch einen Schal, eine Mütze und Handschuhe. Etwas Proviant ist gut gegen Kälte und Müdigkeit.

EINE STERNKARTE hilft dir, die Sternbilder zu erkennen. Im Dunkeln leuchtest du die Karte am besten mit deiner roten Taschenlampe an. So kannst du auch zwischendurch darauf schauen. Auf der Karte sind helle Sterne und Sternbilder abgebildet, die du zur angegebenen Jahreszeit am späten Abend am Himmel sehen kannst. Die Planeten und den Mond findest du darauf nicht. Sie bewegen sich über den Himmel und stehen immer in einem anderen Sternbild.

DIE STERNBILDER sind auf einer Sternkarte sehr einfach zu entdecken. Die Sterne sind durch Linien verbunden. So lässt sich die Form eines Sternbilds gut erkennen. Am Himmel gibt es die Linien aber nicht. Du siehst dort nur die leuchtenden Sternpunkte. Auf der Sternkarte findest du weit oben auch ein grünes Kreuz. Das ist der Punkt, der sich am Himmel genau über deinem Kopf befindet. Man nennt ihn „Zenit". Wenn du dorthin blickst, schaust du nach ganz oben an den Himmel. Dazu musst du deinen Kopf weit nach hinten legen.

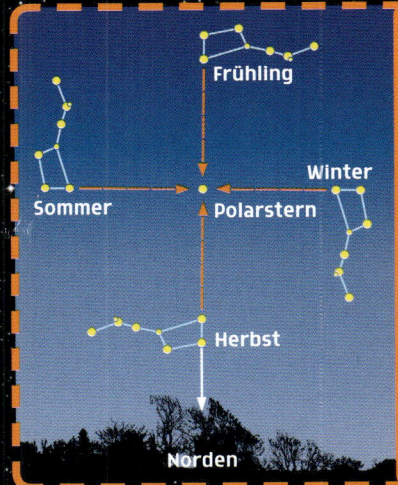

So findest du mithilfe des Großen Wagens Norden.

NACH SÜDEN musst du dich drehen, damit du die Sterne am Himmel mit denen auf der Karte vergleichen kannst. Die Sternkarten zeigen nämlich immer die Sterne, die am Abend im Süden zu sehen sind. Wo Süden ist, kannst du mit dem Sternbild Großer Wagen herausfinden. Der Große Wagen steht zu jeder Jahreszeit am Himmel und ist leicht zu erkennen. Er sieht aus wie ein Bollerwagen. Verbinde in Gedanken die beiden hinteren Sterne des Wagens und verlängere diese Linie fünfmal. Dann triffst du auf den sogenannten Polarstern. Er steht immer im Norden. Drehe dich nun um. Jetzt schaust du nach Süden.

eine Sternwarte

DIE ASTRONOMEN erforschen den Himmel mit riesigen Teleskopen. Sie können auch Strahlung messen, die unsichtbar ist. Auf diese Weise haben sie schon viel über das Weltall herausgefunden. Mit einem Teleskop kann man auf dem Mond oder einem Planeten mehr Einzelheiten entdecken als mit bloßem Auge. Man kann auch ferne Sternhaufen oder Gasnebel sehen. Wenn du einmal durch ein Teleskop schauen möchtest, besuche mit deinen Eltern eine Sternwarte. Dort gibt es an manchen Abenden Sternführungen an großen Teleskopen.

BEOBACHTEN UND ERKUNDEN
DER FRÜHLINGS-STERNENHIMMEL

IM FRÜHLING kannst du ein großes Dreieck aus drei hellen Sternen am Himmel finden. Die Sterne heißen Regulus, Spika und Arktur. Sie bilden das Frühlingsdreieck. Solche Sternmuster gibt es zu jeder Jahreszeit am Himmel. Du kannst dich gut an ihnen orientieren. Regulus und Spika leuchten weißblau. Arktur schimmert orange. Regulus gehört zum Sternbild Löwe. Der Löwe ist am Himmel gut zu erkennen. Spika steht im Sternbild Jungfrau. Dort befinden sich viele ferne Galaxien. Man sieht sie aber nur mit einem Teleskop.

das Sternbild Löwe

der Mond und die Planeten Saturn und Venus in der Nähe von Regulus

REGULUS ist der hellste Stern im Sternbild Löwe. Sein Name ist Lateinisch und bedeutet „Kleiner König". Der Löwe ist ein Tierkreissternbild. Daher wandern ab und zu der Mond oder ein Planet durch dieses Sternbild. Mond und Planeten kommen dem Stern Regulus dabei manchmal recht nahe. Das sieht sehr hübsch aus. Regulus wird gelegentlich sogar vom Mond verdeckt. Dann steht der Mond zwischen der Erde und dem Stern Regulus. Der Mond ist uns ja viel näher als die fernen Sterne.

DER GROSSE WAGEN ist ein sehr bekanntes Sternbild. Im Frühling steht er hoch am Himmel. Du musst den Kopf weit zurücklegen, um ihn zu sehen. Der Wagen sieht aus, als ob man ihn ziehen könnte. Achte einmal auf die drei Sterne in der gebogenen Linie: Kannst du erkennen, dass der mittlere Stern in Wirklichkeit aus zwei Sternen besteht? Sie heißen Mizar und Alkor und bilden einen Doppelstern. Alkor ist der schwächere Stern. Er wird auch „Reiterlein" genannt, weil er auf dem helleren Stern Mizar zu reiten scheint.

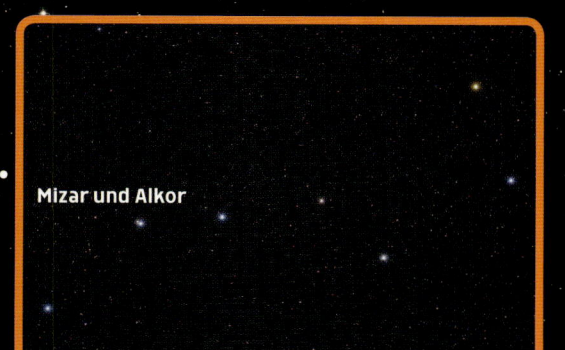

Mizar und Alkor

DIE SONNE geht im Frühling erst später unter. Die Tage werden wieder länger. Das ist schön, weil es dann auch wärmer wird. Wenn du Sterne beobachten möchtest, muss es aber dunkel sein. Deswegen kannst du im Frühling die Sterne erst später beobachten als im Winter. Im Juni wird es erst ganz spät dunkel: Vor zehn Uhr abends ist kein Stern zu sehen. Vielleicht wartest du dann besser bis zu den Sommerferien, bis du wieder in die Sterne schaust.

Das Hintergrundbild auf der linken Seite zeigt einige Galaxien im Sternbild Jungfrau.

BEOBACHTEN UND ERKUNDEN

DER SOMMER-STERNENHIMMEL

IM SOMMER wird es spät dunkel. Schon in der Dämmerung fallen drei helle Sterne auf: Sie heißen Deneb, Wega und Atair. Gemeinsam bilden sie das Sommerdreieck. Deneb gehört zum Sternbild Schwan. Es sieht aus wie ein riesiges Kreuz. Man kann sich aber auch einen fliegenden Schwan vorstellen. Der Stern Atair steht im Sternbild Adler, und Wega gehört zum kleinen Sternbild Leier. In einem Teleskop kann man in der Leier einen schönen Nebel erkennen: Er heißt Ring-Nebel.

DIE MILCHSTRASSE ist im Sommer besonders gut zu sehen. Sie sieht aus wie ein weiß schimmerndes Band, das über den ganzen Himmel läuft. Das Band besteht aus sehr vielen, weit entfernten Sternen. Sie stehen in den Spiralarmen der Milchstraße. Sie ist unsere Heimatgalaxie (siehe Seiten 64 und 82). Du kannst die Milchstraße nur sehen, wenn es richtig dunkel ist. Auch der Mond sollte nicht scheinen. Das Sternbild Schwan kann dir helfen, die Milchstraße zu finden: Das große Kreuz liegt inmitten des hellen Bandes.

das Sternbild Schwan

So sieht der Doppelstern Epsilon durch ein Fernglas aus.

EINEN DOPPELSTERN findest du im Sternbild Leier. Er heißt Epsilon und steht etwas links oberhalb des hellen Sterns Wega. Epsilon ist ein recht schwacher Stern. Kannst du erkennen, dass er etwas lang gezogen aussieht? Das liegt daran, dass er aus zwei Sternen besteht. Kinder können das oft besser sehen als Erwachsene, weil sie schärfere Augen haben. In einem Fernglas sind die beiden Sterne gut zu erkennen. In einem Teleskop kann man dort sogar vier Sterne sehen.

das Sternbild Delfin

EINEN DELFIN kannst du sogar am Sommerhimmel entdecken. Der Delfin ist ein kleines Sternbild, das links neben dem großen Sommerdreieck steht. An dem Dreieck kannst du dich orientieren, wenn du den Delfin suchst. Wie ein echter Delfin scheint der Delfin am Himmel aus dem Wasser zu springen: Seine Schwanzflosse ist nach unten geneigt und seine Schnauze zeigt nach oben.

Das Hintergrundbild auf der linken Seite zeigt den Ring-Nebel im Sternbild Leier.

BEOBACHTEN UND ERKUNDEN
DER HERBST-STERNENHIMMEL

IM HERBST steht ein großes Viereck aus Sternen am Himmel. Es wird häufig als Herbstviereck bezeichnet. Die vier Sterne sind gut zu finden, obwohl sie nicht sehr hell sind. Wenn du das Viereck suchst, musst du beachten, dass es wirklich groß ist. Drei der vier Sterne gehören zum Sternbild Pegasus. Das Sternbild sieht aus wie ein Pferd, das auf dem Kopf steht. Bei den alten Griechen hatte das Pferd sogar Flügel. Der Stern oben links am Viereck heißt Sirrah. Er gehört zum Sternbild Andromeda.

DER GROSSE WAGEN steht im Herbst nahe am Horizont (siehe Seite 109). Manchmal wird er dort von Häusern oder Bäumen verdeckt. Auf der Sternkarte ist der Wagen jetzt nicht zu finden, weil er im Norden steht. Weit oben am Himmel kannst du nun aber das Sternbild Kassiopeia finden. Es sieht aus wie der Buchstabe „W" und wird deshalb auch „Himmels-W" genannt. Im Frühling ist es umgekehrt: Dann steht der Große Wagen hoch oben und das Himmels-W tief unten am Horizont.

das Sternbild Pegasus

DIE ANDROMEDA-GALAXIE ist das fernste Himmelsobjekt, das du mit dem bloßen Auge sehen kannst. Sie ist unsere große Nachbargalaxie und fast drei Millionen Lichtjahre weit weg (siehe Seiten 83 und 94). Du kannst sie in einer sternklaren Nacht als schwachen Schimmer erkennen. Dazu darf aber kein Licht stören, noch nicht einmal der Mond. Die Galaxie steht über einer Sternenkette. Sie bildet das Sternbild Andromeda. Im Sternbild Dreieck steht eine weitere Galaxie (siehe Seite 94). Sie ist mit bloßem Auge aber nicht zu sehen.

EINEN DOPPEL-STERNHAUFEN gibt es im Sternbild Perseus zu sehen. Er heißt h und chi Persei (siehe Seite 77). Du kannst ihn finden, wenn du zum Himmels-W schaust. Zwischen dem Himmels-W und den ersten Sternen des Sternbilds Perseus schimmert ein länglicher Nebelfleck am Himmel. Das sind die beiden Sternhaufen. Weil sie so weit weg sind, kannst du keine einzelnen Sterne erkennen. In jedem der Sternhaufen stehen aber über hundert Sterne eng zusammen.

Das Hintergrundbild auf der linken Seite zeigt die Dreiecks-Galaxie im Sternbild Dreieck.

BEOBACHTEN UND ERKUNDEN

DER WINTER-STERNENHIMMEL

IM WINTER stehen besonders viele helle Sterne am Himmel. Sechs davon bilden ein großes Sechseck. Man nennt es das Wintersechseck. Die Sterne heißen Sirius, Prokyon, Pollux, Kapella, Aldebaran und Rigel. Sirius im Sternbild Großer Hund ist der hellste Stern des ganzen Himmels (siehe Seite 67). Er steht immer nahe am Horizont und leuchtet weiß. Oft funkelt er aber farbig. Das liegt daran, dass sich die Luft am Horizont besonders stark bewegt. Sie zerlegt das Sternlicht in verschiedene Farben und lässt es flackern.

das Sternbild Orion

DAS STERNBILD ORION kannst du am Himmel gut erkennen. In seiner Mitte bilden drei Sterne eine Linie, die nach oben zeigt. Um diese Linie formen vier weitere helle Sterne ein großes Viereck. Einer dieser Sterne ist Rigel. Er steht rechts unten. Ein anderer Stern ist Beteigeuze (siehe Seiten 66 und 67). Beteigeuze leuchtet rötlich, während Rigel bläulich strahlt. Der Orion-Nebel (siehe Seite 74) steht unterhalb der drei Sterne in der Mitte des Sternbilds. Du kannst ihn als Nebelfleck erkennen. Die alten Griechen hielten Orion für einen Jäger.

das Sternbild Stier

DAS STERNBILD STIER sieht sehr schön aus. Dort kannst du die beiden Sternhaufen Hyaden und Plejaden finden (siehe Seite 77). Die Hyaden stehen in der Nähe des rötlichen Sterns Aldebaran. Sie sehen aus wie der Buchstabe „V". Das „V" ist allerdings umgefallen. Die Plejaden stehen als kleine, funkelnde Sterngruppe rechts darüber. Ihre Form erinnert an den Großen Wagen. Die Plejaden sind aber viel kleiner als der Große Wagen. Den hellen Stern Aldebaran hielten die alten Griechen für das Auge des Stiers.

Der Weihnachtsbaum-Sternhaufen erinnert an einen umgedrehten Weihnachtsbaum.

DER WEIHNACHTSBAUM-Sternhaufen steht nicht weit vom rötlichen Orion-Stern Beteigeuze entfernt. Seinen Namen trägt er, weil seine Form an einen Weihnachtsbaum erinnert. Er passt damit gut zum Winter. Der Weihnachtsbaum steht allerdings auf dem Kopf. Mit bloßem Auge ist er leider nicht zu sehen. Man braucht dazu ein Teleskop. Der Sternhaufen steht mitten in der Milchstraße. Sie zieht sich als weißliches Band quer über den Himmel. Im Winter ist sie allerdings nicht so hell wie im Sommer.

Das Hintergrundbild auf der linken Seite zeigt den Weihnachtsbaum-Sternhaufen.

BEOBACHTEN UND ERKUNDEN
PLANETEN

PLANETEN kannst du ab und zu am Himmel beobachten. Besonders hell sind Venus, Mars, Jupiter und Saturn. Sie sind immer mehrere Wochen lang zu sehen. Danach nähern sie sich auf ihrer Bahn der Sonne und können eine Zeit lang nicht mehr beobachtet werden. Der innerste Planet Merkur befindet sich stets in der Nähe der Sonne. Er ist nur an wenigen Tagen im Jahr morgens oder abends am Himmel zu finden. Die fernsten Planeten Uranus und Neptun kannst du mit dem bloßen Auge nicht sehen.

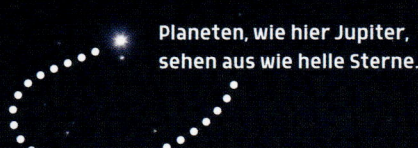
Planeten, wie hier Jupiter, sehen aus wie helle Sterne.

So stellten sich die alten Griechen das Tierkreissternbild Zwillinge vor. Ab und zu leuchtet ein Planet als zusätzlicher heller Punkt darin.

AM HIMMEL erscheinen Planeten als helle Punkte, ähnlich wie die Sterne. Wenn du genau hinsiehst, erkennst du aber, dass Planeten weniger funkeln. Sie stehen uns näher. Daher sind sie am Himmel etwas größer als die Sterne. Das lässt ihr Licht ruhiger leuchten. Planeten findest du immer in den Tierkreissternbildern. Dazu gehören Löwe, Krebs, Zwillinge, Stier, Widder, Fische, Wassermann, Steinbock, Schütze, Skorpion, Waage und Jungfrau. Wann ein Planet zu sehen ist, schaust du am besten mit deinen Eltern im Internet nach.

DIE VENUS ist der hellste Planet am Himmel. Sie leuchtet strahlend weiß. Jedes Jahr ist sie mehrere Wochen lang heller als alle Sterne. Du kannst sie dann sehr einfach am Himmel finden. Die Venus ist nur morgens oder abends zu sehen. Niemals steht sie mitten in der Nacht am Himmel. Deswegen heißt sie auch Morgen- oder Abendstern, obwohl sie gar kein Stern ist. Wenn die Venus am Abendhimmel steht, kannst du sie manchmal zusammen mit einer hübschen Mondsichel sehen.

MARS leuchtet deutlich rötlich. Deswegen heißt er auch der Rote Planet. Mars ist nur etwa alle zwei Jahre gut zu sehen. Dann kommt er der Erde besonders nahe und wird für einige Wochen zu einem hellen, rötlichen Lichtpunkt am Nachthimmel. Du kannst dann gut beobachten, dass er sich innerhalb weniger Wochen vor den Sternen bewegt. Wenn er sich wieder von der Erde entfernt, wird Mars deutlich schwächer. Er fällt dann nicht mehr sehr auf.

JUPITER UND SATURN stehen jedes Jahr viele Wochen lang am Nachthimmel. Jupiter ist nach Venus der zweithellste Planet. Auch er strahlt weiß und ist sehr auffällig. Du kannst ihn zwischen den funkelnden Sternen ruhig leuchten sehen. Saturn ist der fernste Planet, den du noch mit bloßem Auge erkennen kannst. Er ist gelblich und wirkt wie ein heller Stern. Den Saturnring kannst du nur in einem Teleskop sehen (siehe Seite 48). Vielleicht besuchst du dazu mit deiner Eltern einmal eine Sternwarte.

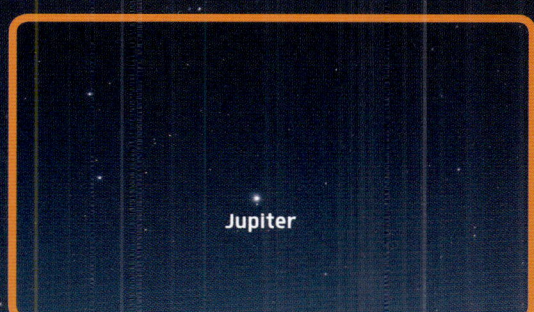

So sieht Saturn in einem Teleskop aus.

Auf einem Planetenwanderweg gibt es Tafeln mit Informationen zu jedem Planeten.

DIE REIHENFOLGE der Planeten kannst du dir mit diesem Satz merken: **M**ein **V**ater **e**rklärt **m**ir **j**eden **S**onntag **u**nseren **N**achthimmel. Die Wörter darin haben die gleichen Anfangsbuchstaben wie die Planeten in der richtigen Reihenfolge: **M**erkur, **V**enus, **E**rde, **M**ars, **J**upiter, **S**aturn, **U**ranus, **N**eptun. Auf den Seiten 8 und 9 findest du einen Überblick über unser Planetensystem. An vielen Orten gibt es übrigens sogenannte Planetenwanderwege. Dort erfährst du viel über die Planeten und bekommst eine Vorstellung von der Größe unseres Sonnensystems. Dazu muss es aber hell sein!

Die Internationale Raumstation zieht manchmal als heller Punkt über den Himmel. Auf lang belichteten Fotos hinterlässt sie dann eine Spur.

SATELLITEN und Sternschnuppen kannst du am Himmel auch beobachten. Satelliten siehst du am besten kurz nach Sonnenuntergang. Dann werden sie noch von der Sonne angeleuchtet und ziehen als Lichtpunkte langsam über den schon dunklen Himmel. Besonders hell ist die Internationale Raumstation. Wann sie sichtbar ist, kannst du im Internet nachschauen. Sternschnuppen blitzen ganz plötzlich auf und sind nur sehr kurz zu sehen. Besonders viele Sternschnuppen kannst du im August beobachten (siehe Seite 58).

BEOBACHTEN UND ERKUNDEN
DER MOND

DER MOND ist am Himmel meist leicht zu finden. Bestimmt hast du schon bemerkt, dass er nicht immer gleich aussieht. Er ist auch nicht in jeder Nacht zu sehen. Manchmal steht er aber als auffälliger Vollmond die ganze Nacht über am Himmel. Er ist dann so hell, dass er Schatten wirft. Auf der Mondscheibe kannst du jetzt große dunkle Flecken erkennen. Sie wirken so, als hätte der Mond ein Gesicht. Dann bilden die Flecken die Augen, die Nase und den Mund. Man nennt diese dunklen Gebiete Mondmeere (siehe Seite 23).

MONDPHASEN heißen die unterschiedlichen Formen des Mondes. Von Vollmond zu Vollmond vergeht rund ein Monat. In dieser Zeit kreist der Mond einmal um die Erde. Dabei wandert das Licht der Sonne um ihn herum. Der Mond leuchtet ja nicht selbst. So werden die verschiedenen Mondphasen erzeugt. Bei Vollmond strahlt ihn die Sonne von vorn an. Dann ist er ganz rund. Bei Halbmond leuchtet die Sonne von der Seite auf ihn, und wir sehen nur eine Mondhälfte. Bei Neumond scheint die Sonne von hinten auf den Mond. Dann sehen wir ihn gar nicht.

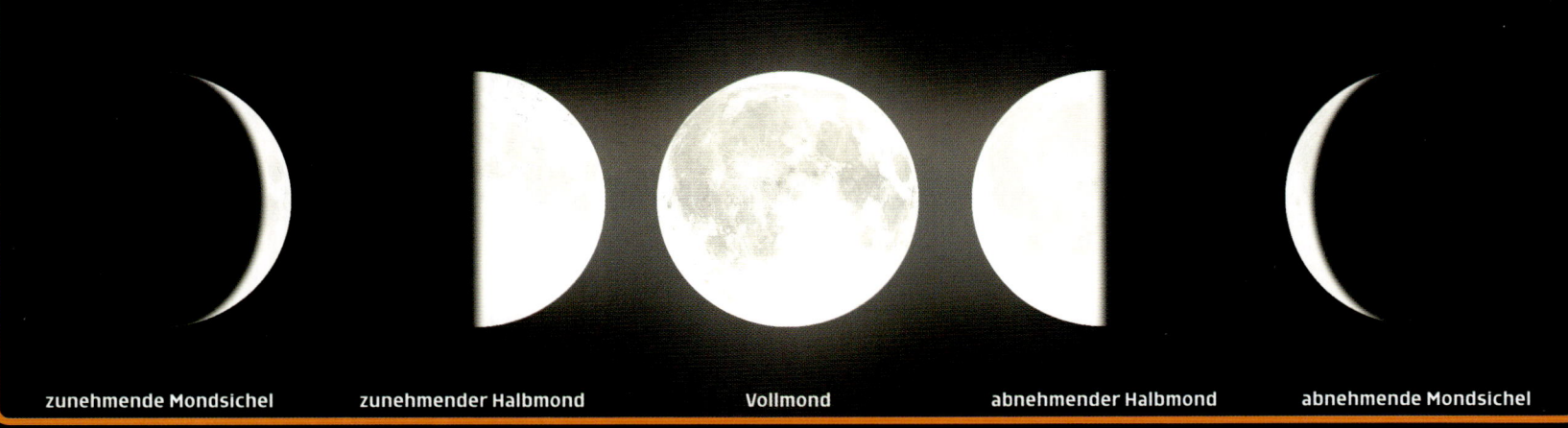

zunehmende Mondsichel — zunehmender Halbmond — Vollmond — abnehmender Halbmond — abnehmende Mondsichel

Zwischen Halbmond und Vollmond kannst du den Mond sogar tagsüber sehen.

GUT ZU BEOBACHTEN ist der Mond zwischen Neumond und Vollmond. Dann steht er am Abendhimmel. Einige Tage nach Neumond findest du ihn als dünne Mondsichel in der Abenddämmerung. Die Sichel wird von Tag zu Tag dicker. Man sagt, der Mond nimmt zu. Eine Woche nach Neumond ist Halbmond. Dann steht der Mond hoch am Abendhimmel und ist sogar schon am Nachmittag zu sehen. Danach wird er immer runder, es geht auf Vollmond zu. Nach Vollmond läuft alles rückwärts und der Mond nimmt ab. Er wird dann von der anderen Seite beleuchtet.

Kurz nach Neumond kannst du eine hübsche Mondsichel am Abendhimmel sehen.

DEN ERDSCHEIN kannst du erkennen, wenn der Mond als schmale Sichel am Himmel steht. Beobachte ihn dann einmal genau. Oft siehst du jetzt nicht nur die helle Sichel, sondern auch den dunklen Rest des runden Mondes. Er wird von einem schwachen Schimmer erhellt. Dieser Schein kommt von unserer Erde. Sie beleuchtet den Mond jetzt so, wie der Vollmond unsere Nacht erhellt. Auf dem Mond ist also fast „Vollerde" (siehe Seite 26). Dieses schwache Mondlicht bezeichnet man als „Erdschein".

IM TELESKOP sieht der Mond bei zunehmendem Halbmond besonders schön aus. Am besten besuchst du dann mit deinen Eltern einmal eine Sternwarte. Der Mond wird jetzt von der Seite angeleuchtet. Daher werfen seine Berge und Kraterränder lange Schatten. Du kannst sie dadurch besonders gut erkennen – viel besser als bei Vollmond. Einige Mondkrater sind auch schon mit einem Fernglas zu sehen. Vielleicht habt ihr eines zu Hause. Dann versuche einmal mit deinen Eltern, den Mond damit anzuschauen.

RIESIG GROSS erscheint der Mond manchmal, wenn er aufgeht. Das fällt vor allem um Vollmond herum auf. Dann steht plötzlich ein enormes Mondgesicht über dem Horizont. Der Mond ist aber beim Aufgang nicht größer als sonst. Das ist eine Täuschung. Das kannst du sogar selbst feststellen. Strecke dazu deinen Arm aus und halte einen Finger nach oben. Mit dem Finger kannst du den Mond gerade abdecken. Das ist aber auch so, wenn der Mond höher steht und wieder kleiner wirkt. Der Mond ist immer gleich groß.

EINE MONDFINSTERNIS ist ein beeindruckendes Erlebnis. Der Mond wird dann von einer Seite her immer dunkler und verfärbt sich langsam rot. Nach rund einer Stunde wird er wieder heller. Bei einer Mondfinsternis steht die Erde genau zwischen Sonne und Mond. Ihr Schatten fällt auf den Mond und verdunkelt ihn. Durch die Lufthülle der Erde fällt aber noch rotes Licht auf den Mond. Deswegen ist er nicht völlig dunkel und erscheint rot. Die nächste Mondfinsternis ist am 16. Mai 2022.

BEOBACHTEN UND ERKUNDEN
DIE SONNE

DIE SONNE kannst du nur am Taghimmel sehen. Manchmal ist sie von Wolken verdeckt. Sie scheint aber an jedem Tag. Jeden Morgen geht sie im Osten auf. Mittags steht sie hoch im Süden und abends geht sie im Westen wieder unter. Dann sinkt sie unter den Horizont und es wird Nacht. Im Norden steht die Sonne bei uns nie. Mit der Sonne kannst du herausfinden, wo welche Himmelsrichtung ist. Dort, wo sie untergeht, ist Westen. Links davon ist Süden, rechts Norden und gegenüber Osten.

Die Sonne läuft jeden Tag von Osten nach Westen über den Himmel. Im Süden steht sie am höchsten.

Osten — Süden — Westen

dunkle Sonnenflecken

rote Gaszungen

ACHTUNG: Niemals darfst du direkt in die Sonne sehen. Die Sonne ist extrem hell und blendet deine Augen stark. Auch eine Sonnenbrille reicht als Schutz nicht aus. Auf gar keinen Fall darfst du die Sonne mit einem Fernglas oder Teleskop betrachten. Dabei kannst du blind werden. In einer Sternwarte kannst du die Sonne durch spezielle Sonnenfilter ohne Gefahr mit einem Teleskop ansehen. Damit erkennt man manchmal dunkle Flecken oder rote Gaszungen auf der Sonne (siehe Seite 11).

IM SOMMER steht die Sonne mittags sehr hoch am Himmel – viel höher als im Winter. Das kannst du beobachten, indem du dir merkst, wie hoch die Sonne im Sommer über ein Hausdach oder einen Baum in der Nähe steigt. Vergleiche diese Höhe einmal mit der Mittagshöhe im Winter. Kommt die Sonne dann überhaupt hinter dem Haus oder Baum hervor? Du kannst die Sonne und das Haus oder den Baum auch auf Papier aufzeichnen, damit du ihre Höhe nicht vergisst. Im Winter kannst du dann vergleichen.

Sommer — Winter

die Sonne zur Mittagszeit

DIE ERDE dreht sich. Das kannst du feststellen, wenn du die Sonne anschaust. Die Sonne geht nämlich nur auf und unter, weil sich die Erde dreht. Deswegen wandert sie auch tagsüber über den Himmel. Tatsächlich bewegt sich die Sonne gar nicht selbst. Du kannst sogar beobachten, wie schnell sich die Erde dreht. Schau dazu einmal einen Sonnenuntergang an. Wenn die Sonne den Horizont berührt, dauert es nur noch zwei Minuten, bis sie ganz untergegangen ist. So schnell dreht sich die Erde.

SCHÖNE FARBEN leuchten manchmal am Himmel. Das Sonnenlicht ist eigentlich weiß. In weißem Licht kommen aber viele Farben vor. Das kannst du erkennen, wenn ein Regenbogen am Himmel steht. Die Wassertröpfchen darin spalten das weiße Sonnenlicht in lauter bunte Farbtöne auf. Und wenn die Sonne abends untergeht, erscheint sie rot. Dann muss ihr Licht einen langen Weg durch die Lufthülle der Erde zurücklegen. Die Luft filtert einige Farben heraus und übrig bleibt nur rotes Licht.

Bei einer totalen Sonnenfinsternis kann man die schöne Sonnenkorona sehen.

EINE SONNENFINSTERNIS ist etwas ganz Besonderes. Dabei wandert der Mond vor die Sonne und deckt sie genau ab. Man bezeichnet das als totale Sonnenfinsternis. Es wird dunkel und ein prächtiger Strahlenkranz erscheint um die Sonne. Das ist die Sonnenkorona. Sie besteht aus leuchtendem Sonnengas. Um eine totale Sonnenfinsternis zu sehen, muss man meist weit reisen. Sie ist immer nur in einem kleinen Gebiet zu beobachten. Manchmal bedeckt der Mond die Sonne auch nur teilweise. Das bezeichnet man als partielle Sonnenfinsternis. Die nächste partielle Sonnenfinsternis ist bei uns am 10. Juni 2021 zu sehen.

SONNE UND MOND sind am Himmel gleich groß. Das ist ein großer Zufall. Denn tatsächlich ist die Sonne ja viel größer als der Mond. Sie ist jedoch auch viel weiter weg. Und zwar genau so weit, dass sie von der Erde aus nur noch so groß wie der Mond erscheint. Deswegen kann der Mond die Sonne bei einer Sonnenfinsternis so exakt verdecken, dass nur noch der Strahlenkranz der Korona zu sehen ist. Auf den anderen Planeten ist das nicht so. Dort gibt es keine so schönen Sonnenfinsternisse.

REGISTER

A

Adler-Nebel (Gasnebel) 75
Aldrin, Buzz (Astronaut) 24
Alien, siehe Außerirdischer
Alter Stern **73**, 78, **80–81**, 82, 92, 95
Andromeda-Galaxie 83, **94**, 95, **114–115**
Apollo 11 (Mondmission) 24
Armstrong, Neil (Astronaut) 24
Asteroid 8–9, **38–40**, 41, 55, 63
Asteroidengürtel **9, 38**, 60
Astronaut **18–19, 24–29**, 33, 35, 86, 105
Außerirdischer 70–71

B

Balken-Spiralgalaxie 82, 91
Beteigeuze (Stern) **66–67, 116–117**
Big Chill 103
Big Crunch 102
Big Rip 102
Blauer Riesenstern **73–74**, 87

C

Caloris-Becken (Merkurkrater) 12
Canis-Major-Zwerggalaxie 95
Cassini (Raumsonde) 47, 49
Centaurus A (aktive Galaxie) 93
Cepheid (veränderlicher Stern) 90
Ceres (Zwergplanet) **8–9, 38–39**
CERN (Forschungsinstitut) 99, 101
Chang'e 4 (Raumsonde) 27
Charon (Plutomond) 57
Collins, Michael (Astronaut) 24
Curiosity (Marsrover) 33

D

Dawn (Raumsonde) 39
Deep Impact (Raumsonde) 59
Deimos (Marsmond) 31
Doppel-Sternhaufen 77, **114–115**
Doppelstern 67, **72**, 78, **86–87, 110**, 112
Dreiecks-Galaxie 94, 115
Dunkelwolke 74–76
Dunkle Energie **100–101**, 102
Dunkle Materie **100–101**, 102

E

Einschlagkrater 12, 15, **23**, 30, 39, **40**, 45, 57, **60**, 121
Einstein, Albert (Physiker) 104
Eisriese 50, 52
Elliptische Galaxie 92
Enceladus (Saturnmond) 49
Entfernung 67, 79, **89–91**, 93, 97, 104, 123
Erde **6**, 8, 9, **16–17**, 22, 26, 60, **61**, 63, 71, 81,
.... 83, 86, 89, **98–99**, 103, 106, 123
Erdschein 121
Ereignishorizont 85–86
Eris (Zwergplanet) 54–55
ESA (European Space Agency) 28
Europa (Jupitermond) 44–45
Exoplanet 68–69

F

Fernglas 10, 121–122
Fernrohr, siehe Teleskop
Fixstern, siehe Stern

G

Gaia (Raumsonde) 66, 82
Galaxie **7, 64**, 70, **82–83**, 84, **88–93**, 94, 98–101, 110–111
Galaxienhaufen **88–89, 96–97**, 100–103
Galaxienpaar 91
Galilei, Galileo (Forscher) 44
Galileo (Raumsonde) 39, 43
Galle, Johann Gottfried (Astronom) 53
Ganymed (Jupitermond) 44–45
Gasnebel 64–65, 72, **74–75**, 76–78, 80–83, 90, 92, 99
Gasplanet **9**, 42–43, 46, 50, 52, 55, **60**, 68
Gaszunge, siehe Protuberanz
Gesteinsplanet **8**, **60**, 68
Gezeiten 17
Große Magellansche Wolke (Zwerggalaxie) 75, 95
Großer Weißer Fleck (Saturnsturm) 47
Großer Dunkler Fleck (Neptunsturm) 52
Großer Roter Fleck (Jupitersturm) 43, 44
Großer Wagen (Sternbild) 73, 109–111, 114, 116

H

Hale-Bopp (Komet) 59
Halley (Komet) 59
Haumea (Zwergplanet) 55
Hayabusa 2 (Raumsonde) 39
Helium 10–11, 42, 46, **72**, 81, **98**, 99
Herkuleshaufen (Kugelsternhaufen) 79
Hirtenmond 48
Hoba (Meteorit) 41
Hubble (Weltraum-Teleskop) 21, 50, 52, 56
Huygens (Raumsonde) 49
Hyaden (Sternhaufen) 77, 116–117
Hyperion (Saturnmond) 49

I

Ida (Asteroid) 39
Insight (Raumsonde) 34
Internationale Raumstation **18–19**, 20, 27, 29, 101, **119**
Io (Jupitermond) 44

J

Japetus (Saturnmond) 49
Junger Stern **72**, **74–77**, 82, 90, 92
Jupiter **9**, 38, 40, **42–45**, 46, 60, **118–119**
Jupitermonde 44–45

K

Kallisto (Jupitermond) 44–45
Katzenaugen-Nebel (Planetarischer Nebel) 80
Kepler (Weltraum-Teleskop) 68–69
Kepler-452b (Exoplanet) 69
Kernfusion 11
Kleine Magellansche Wolke (Zwerggalaxie) 95

Kohlendioxid 14, 17, 31, 37
Kohlenstoff 55, **58–59**, 63, 81
Kometenschweif 59
Kosmische Hintergrundstrahlung 98
Krebs-Nebel (Supernova-Rest) 81
Kugelsternhaufen **78–79**, 83
Kuiper-Gürtel **9**, 53, **54–55**, 56–60, **63**

L

Laniakea-Superhaufen 96
Leben **16–17, 33**, 37, 41, 45, 61, 63, 68, **69–71**, 99
Lebenszone 69–70
Leuchtkraft 67
Licht 7, 84, 104
Lichtbogen 100, 104
Lichtgeschwindigkeit 7, 64, 104
Lichtjahr 89
Lokale Gruppe 94, 96
Lufthülle 11–13, **14**, 15–16, **17**, 19, 21, 23, 25,
.... 31, 32, 34, 41, **49**, 57

M

Maat Mons (Venusvulkan) 15
Magellan, Ferdinand (Seefahrer) 95
Magellansche Wolken (Zwerggalaxien) 95
Makemake (Zwergplanet) 55
Mariner 10 (Raumsonde) 13
Mars 8, **30–37**, 40, 60, 70, **118–119**
Mars Global Surveyor (Raumsonde) 37
Marsbewohner 32, 37
Marsexperiment 36
Marsgesicht 37
Marsjahr 31
Marslandung 33–35
Marsreise 35–36
Marsrover 33
Marstag 31
Merkur 8, **12–13**, **60–61**, 118
Merkurjahr 13
Messenger (Raumsonde) 13
Meteor, siehe Sternschnuppen
Meteorit 17, 23, 25, 27, 37, **40–41**, 57, 71
Meteoroid 41
Methan 49, 51
Milchstraße **7, 64–65**, 66, 70, 76, 78, **82–83**, 84,
.... 87–91, 94–96, **98**, 99, **112–113**, 116–117
Milkomeda (Riesengalaxie) 95
Miranda (Uranusmond) 51
Mond 6, 8, 10, 17, **22–27**, 40, 106–107, 109–110,
.... 118, **120–121**, 123
Monde 8–9, 20, 31, 44–45, 49, 51, 53–55, 57, 60
Mondfinsternis 121
Mondflug 27
Mondgesicht 120
Mondlandung 24–27
Mondmeer 23, 120
Mondphasen 22, 120
Mondrückseite 22, 27
Mondtäuschung 121
Multiversum 103

N

NEAR Shoemaker (Raumsonde) 39
Neptun 9, 50-51, 52-53, 56, 60, 118
Neptunjahr 53
Neptunmonde 53
Neutronenstern 81
New Horizons (Raumsonde) 21, 55, 56, 57
Nördlinger Ries (Erdkrater) 40

O

Occator (Cereskrater) 39
Offener Sternhaufen, siehe Sternhaufen
Olympus Mons (Marsvulkan) 31
Omega Centauri (Kugelsternhaufen) 79
Oortsche Wolke 58, 60, 63
Opportunity (Marsrover) 33
Orion-Nebel (Gasnebel) 74, 75, 116-117

P

Pan (Saturnmond) 49
Pferdekopf-Nebel (Dunkelwolke) 75
Phobos (Marsmond) 31
Piazzi, Giuseppe (Astronom) 38
Planet 6-9, 10, 20, 37, 60-63, 66, 68-69, 70,
.... 78, 82, 89, 101, 106-107, 109-110, 118-119
Planetarischer Nebel 62, 80
Planetenjahr 9
Planetenring 50
Planetensystem 63, 68, 72, 81
Plejaden (Sternhaufen) 77, 116-117
Pluto (Zwergplanet) 9, 54-57
Plutomonde 57
Polarlichter 11
Polarstern 109
Protuberanz 11, 122
Proxima Centauri b (Exoplanet) 69
Pulsar 81

Q

Quantentheorie 105
Quasar 93

R

Rakete 19-20, 28, 35
Raumanzug 19, 25, 29, 35-36
Raumkapsel 19
Raumschiff 7-9, 24, 29, 35, 64, 85-86, 104-105
Raumsonde 6, 9, 13, 20-21, 32, 42, 44, 51, 63
Relativitätstheorie 104-105
Riesengalaxie 92, 95-96
Ring-Nebel (Planetarischer Nebel) 112
Rosetta (Raumsonde) 59
Roter Planet, siehe Mars
Roter Riese, siehe roter Riesenstern
Roter Riesenstern 61, 73, 76-77, 80
Roter Überriese 73, 81
Roter Zwerg 66, 69, 73
RR-Lyrae-Stern (veränderlicher Stern) 79

S

Satellit 6, 20-21, 105, 120
Saturn 9, 46-49, 60, 118-119
Saturnmonde 48-49
Saturnring 46, 48-49, 119
Sauerstoff 16, 25, 27, 35-36, 71, 81, 98
Schwarzer Zwerg 62, 80
Schwarzes Loch 81-82, 84-87, 91, 93, 104-105
Schwerelosigkeit 18, 28-29, 35
Schwerkraft 8, 17, 18, 20-21, 42, 43, 48, 56, 58, 61-62,
.... 64, 68, 72, 78, 80-81, 84-85, 91-97, 100-102
Sedna (evtl. Zwergplanet) 55
SETI (Suche nach außerirdischer Intelligenz) 70
Shoemaker-Levy 9 (Komet) 43
Sirius (Stern) 66-67, 116-117
Sojus (Raumschiff) 28-29
Sombrero-Galaxie (Spiralgalaxie) 90
Sonne 6-11, 16-17, 60-63, 64-66, 68, 72, 73,
.... 75, 80, 81-83, 86, 102-103, 105-107, 122-123
Sonnenfilter 122
Sonnenfinsternis 123
Sonnenfleck 11, 122
Sonnenkorona 123
Sonnenlicht 123
Sonnensturm 20
Sonnensystem 6-9, 21, 38-40, 51, 55, 58, 60-63, 68,
.... 70-71, 95, 98, 99
Sonnentag 9, 13, 15
Spiralgalaxie 64, 82, 88, 90-91, 94-96
Sputnik (Satellit) 21
Staub 64-65, 72, 74-77, 78, 82-83, 90, 92
Staubsturm 31
Stern 6-8, 10-11, 60-67, 68-69, 72-73, 74-76, 78,
.... 80-81, 82-83, 89-90, 92, 98-101, 103-104, 106-109
Sternbild 106, 109
Sternegucken 108
Sternenhimmel 16, 72, 106
Sternenstaub 81
Sternhaufen 74, 76-79, 82, 84
Sternkarte 108-109
Sternschnuppen 41, 58, 119
Sternwarte 109, 119, 121
Strahlung 10-11, 13, 17, 19, 25, 27, 32, 35, 66,
.... 72, 74-76, 86, 87, 91, 93, 109
Strudelgalaxie (Spiralgalaxie mit Zwerggalaxie) 93
Superhaufen 88, 96-97
Supernova 81, 84, 87, 95
Swing-by 21

T

Tarantel-Nebel (Gasnebel) 75, 95
Teleskop 6, 10, 13, 44, 46, 50, 51, 54, 58, 68, 69,
.... 80, 101, 109, 110, 112, 114, 116, 119, 121, 122
Tempel 1 (Komet) 59
Terraforming 36
Tierkreissternbild 107, 110, 118
Titan (Saturnmond) 48-49, 61
Tombaugh, Clyde (Astronom) 54
Trapezsterne 74
Trappist-1 (Stern) 69
Treibhauseffekt 14, 17, 36

Trifid-Nebel (Gasnebel)

Trifid-Nebel (Gasnebel) 75
Triton (Neptunmond) 53
Tschurjumow-Gerassimenko (Komet) 59
Tycho (Mondkrater) 23

U

Ufo 70
Umlauf 8, 22
Universum, siehe Weltall
Uranus 9, 50-51, 53, 60, 118
Uranusmonde 51
Uranusring 50
Urknall 98-99, 102, 104-105

V

Valles Marineris (Marsgraben) 30
Venus 8, 14-15, 60-61, 118
Venusjahr 15
Veränderlicher Stern 67, 79, 90
Vesta (Asteroid) 39
Viking (Raumsonden) 33, 37
Virgo-Galaxienhaufen 96
Voids (Lücken) 97
Voyager (Raumsonden) 21, 47, 50, 52, 71
Vulkane 15-16, 30-31, 44, 53

W

Wasser 16, 27, 30, 32, 35-36, 37, 39, 44, 45, 63, 69, 71
Wasserkanäle (Mars) 32
Wasserstoff 10-11, 42, 46, 51, 61, 72, 73-74,
.... 80-81, 98-99
Weihnachtsbaum-Sternhaufen 116-117
Weißer Zwerg 62, 80
Weltall 7, 88-89, 96-105
Weltformel 105
Weltraummüll 20
Weltraumspaziergang 19
Weltraumtourist 19
Wolkensechseck (Saturn) 47
Wow!-Signal 70

Z

Zeit 84, 86, 89, 99
Zenit 109
Zukunft 102-103, 105
Zwerggalaxie 93-95
Zwergplanet 8-9, 38, 54-55

IMPRESSUM

© 2019, Franckh-Kosmos Verlags-GmbH & Co. KG, Stuttgart.
Alle Rechte vorbehalten.
ISBN 978-3-440-16035-0

MIX
Papier aus verantwortungsvollen Quellen
FSC® C020056

Texte, Konzeption und Auswahl der Bilder: Justina Engelmann
Illustrationen: Gunther Schulz
Redaktion: Ruth Prenting
Umschlaggestaltung, Layout & Satz: Maria Seidel, atelier-seidel.de
Produktion: Verena Schmynec
Druck und Bindung: Leo Paper
Printed in China / Imprimé en Chine

BILDNACHWEIS

Umschlag: U1: ESO; U4: NASA/JPL/USGS
Fotos und Illustrationen von (GS = Gunther Schulz):
ESO/T. Preibisch, Vor-/Nachsatz; NASA/JPL/USGS/Rodney Grubbs, Vor-/Nachsatz; Gerald V. Foris, S. 5; GS/NASA, ESO, S. 6-7; ESO/L. Calçada, S. 6 u/l; GS/NASA, ESO, S. 8-9; NASA/SDO, S. 10-11; GS/NASA/GSFC/Solar Dynamics Observatory, S. 10 o/l; Jplenio-Pixabay, S. 10 m; NASA, S. 10 m/l; NASA-SDO, S. 10 u; NASA-SDO, S. 11 o/r; GS/NASA/JAXA, S. 11 o/l/o; GS/NASA-SDO, S. 11 o/l/u; GS/NASA-SDO, S. 11 m/r; United States Air Force photo by Senior Airman Joshua Strang, S. 11 m/l; Wikimedia/Avda, S. 11 u; NASA/Johns Hopkins University Applied Physics Laboratory/Carnegie Institution of Washington, S. 12-13; GS/NASA, S. 12 o; NASA/Johns Hopkins University Applied Physics Laboratory/Carnegie Institution of Washington, S. 12 l, m, u; GS/NASA/Johns Hopkins University Applied Physics Laboratory/Carnegie Institution of Washington, S. 13 o; NASA/Johns Hopkins University Applied Physics Laboratory/Carnegie Institution of Washington, S. 13 m, u/l, u/r/l; NASA u/r/r; NASA/JPL, S. 14-15; GS/NASA, S. 14 o; NASA/Ricardo Nunes, S. 14 m; ISAS/JAXA, S. 14 m/l; Don P. Mitchell, S. 14 u; NASA/JPL, S. 15 o, m/l, u/o, u/u; NASA/JPL/USGS, S. 15 m/r; NASA, Earth Observatory/Spencer Kennard, S. 16-17; NASA, S. 16 o; GS/NASA, S. 16 m; Wikimedia/Wolfgang Beyer, S. 16 u/o; Wikimedia/Papa Lima Whiskey 2, S. 16 u/u; GS, S. 17 o/o; GS/NASA, S. 17 o/u; Wikimedia/Frank Liebig, S. 17 m/o; Wikimedia/Accipiter (R. Altenkamp, Berlin), S. 17 m/u; Martin Kraft (photo.martinkraft.com), License: CC BY-SA 3.0 via Wikimedia Commons, S. 17 u/o; NASA, S. 17 u/u; NASA, S. 18-19; NASA, S. 18 o, m/l; NASA/GS, S. 18 m/r; ESA/NASA, S. 18 u; NASA, S. 19 o/l, o/m, o/r, m, u/r; ESA/NASA, S. 19 u/l; ESA/S. Corvaja, S. 19 u/m; A. Gerst/ESA/NASA, S. 20-21; Arianespace/ESA, S. 20 o; Cesar Henrique Brandao, S. 20 m/l; ESA, S. 20 m/r; ESA/P. Carril, S. 20 u; John Hopkins University Applied Physics Laboratory, S. 21 o; GS/NASA/JPL, S. 21 m; NSSDC/NASA, S. 21 u/l; NASA, S. 21 u/m; NASA, ESA, and the Hubble Heritage Team (STScI/AURA), S. 21 u/r; NASA/Gene Cernan, S. 22-23; GS/NASA, S. 22 o; CNSA, S. 22 m/l; Mario Weigand, S. 22 m/m, m/r; NASA/GSFC/Arizona State University, S. 22 u/l, u/r; NASA, S. 23 o/l, m/o; NASA/JPL/USGS, S. 23 o/m; NASA/GSFC/Arizona State University, S. 23 o/r; NASA/Rodney Grabbs, S. 23 m/u; NASA/JPL-Caltech, S. 23 u; NASA/Rodney Grubbs, S. 24-25, 24, o, m/r, u; GS/NASA, S. 24 m/l; NASA/Rodney Grubbs, S. 25 o/l, o/r, m; 26, o/l; NASA/Syed Atif Nazir, S. 26 o/r; NASA/Bill Anders, S. 26 m; NASA, S. 26 u; NASA/Rodney Grubbs; S. 27, CNSA, S. 27 o; NASA, S. 27 m/o; NASA/SAIC/Pat Rawlings, S. 27 m/u; NASA/GSFC/Arizona State University, S. 27 u; Norman Kuring, NASA/GSFC/Suomi NPP, S. 28-29; ESA/D. Ducros, S. 28 o/l; NASA, S. 28 o/m; NASA/JSC by Pat Rawlings SAIC, S. 28 o/r; NASA/J. Valcarcel, S. 28 m/l; NASA/Mark Garcia, S. 28 m/r; ESA/NASA, S. 29 o/l; NASA/J. Blair, S. 29 o/r; NASA/ESA, S. 29 m; NASA/V. Zelentsov, S. 29 u/o; GCTC, S. 29 u/u; ESA/DLR/FU Berlin, G. Neukum, CC BY-SA 3.0 IGO, S. 30-31; GS/NASA, S. 30 o; JPL/NASA, S. 30 l; NASA/JPL/USGS, S. 30 u; ESA/DLR/FU Berlin (G. Neukum), S. 31 o; GS, S. 31 m/o/l; NASA/JPL/MSSS, S. 31 m/o/r; NASA, James Bell (Cornell Univ.), Michael Wolff (Space Science Inst.), and The Hubble Heritage Team (STScI-AURA), S. 31 m/u; NASA/JPL-Caltech/University of Arizona, S. 31 u/o, u/u; ESA/DLR/FU Berlin, CC BY-SA 3.0 IGO, S. 32/37; NASA/JPL/MSSS, S. 32 m; Percival Lowell, S. 32 u; ESA/DLR/FU Berlin (G. Neukum), CC BY-SA 3.0 IGO, S. 37 o/l/o, o/r; ESA/DLR/FU Berlin, NASA MGS MOLA Science Team, S. 37 o/l/u; NASA/JPL, S. 37 m/o; NASA/JPL/University of Arizona, S. 37 m/u; NASA/JPL-Caltech/Cornell/ASU, S. 33-36; NASA, S. 33 m/l; NASA/JPL/Cornell University, Maas Digital LLC, S. 33 m/r; NASA/JPL-Caltech/MSSS, S. 33 u; GS/NASA, S. 34; SpaceX, S. 35 o; NASA/Clouds AO/SEArch, S. 35 m; NASA, S. 35 u/l; NASA/Human Systems Engineering and Development Division, S. 35 u/r; Daein Ballard, S. 36 o; NASA, S. 36 u; NASA/JPL-Caltech, S. 38-39; GS/NASA, S. 38 o; NASA/GSFC, S. 38 l; GS/NASA, S. 38 u; NASA/JPL-Caltech/UCLA/MPS/DLR/IDA/PSI, S. 39 o/l, o/r; NASA/JPL/MPS/DLR/IDA/Björn Jónsson, S. 39 m/o; DLR, S. 39 m/u; NASA/JPL, S. 39 u/o; NASA/JPL/JHUAPL, S. 39 u/u; Olga Ernst & H. P. Baumeler, S. 40-41; Don Davis/NASA, S. 40 o/r; NASA, S. 40 o/l, o/l (klein); Mahmet Valeev, S. 40 m; Marília Gabisfunny, S. 40 u/l; Wikimedia/www.niger-meteorite-recon.de, S. 40 u/r; Migebuff, S. 41 o; Eugen Zibiso, S. 41 m; GS, S. 41 u; NASA/JPL-Caltech/SwRI/MSSS/Kevin M. Gill, S. 42-43; GS/NASA, S. 42 o; NASA, S. 42 m; GS/NASA/JPL-Caltech/SwRI/MSSS/Kevin M. Gill, S. 43 o; NASA/JPL, S. 43 m/r; NASA/Ken Hodges, S. 43 m/l; NASA, S. 43 u/o; Hubble Space Telescope Comet Team and NASA, S. 43 u/u; NASA/JPL-Caltech, S. 44-45; GS/NASA/JPL/DLR, S. 44 o; NASA/JPL/University of Arizona, S. 44 m, u; NASA/JPL/DLR, S. 45 o/l, m/u/l; NASA/JPL/University of Arizona, S. 45 o/r, m/u/r; NASA/JPL-Caltech S, 45 o/u; NASA/JPL, S. 45 m/o; NASA, S. 45 u; NASA/JPL/Space Science Institute, S. 46-47; GS/NASA, S. 46 o; NASA, S. 46 m/l; NASA-JPL-Caltech-SSI, S. 47 o; NASA/JPL/Space Science Institute, S. 47 m; NASA/JPL-Caltech/SSI/Cornell, S. 47 u/l; GS/NASA/JPL-Caltech/Space Science Institute/Hampton University, S. 47 u/r; NASA/JPL-Caltech/SSI, S. 48-49; NASA/JPL/University of Colorado, S. 48 o; NASA/JPL-Caltech/Space Science Institute, S. 48 m/l; NASA/JPL/Space Science Institute, S. 48 m/r; NASA/JPL-Caltech/Space Science Institute, S. 49 o/l, u/r; NASA/JPL/Space Science Institute, S. 49 o/r, u/l, u/m/l, u/m/r; ESA/D. Ducros, S. 49 m/l; NASA/JPL/ESA/University of Arizona, S. 49 m/r; NASA/ESA, S. 50-51; GS/NASA, S. 50 o; NASA/JPL-Caltech, S. 50 m/r; NASA/JPL, S. 50 m/l; Keck Observatory, S. 50 u/o; Lawrence Sromovsky, University of Wisconsin-Madison/W. W. Keck Observatory, S. 50 u/u; GS, S. 51 o; Mike Young, S. 51 m; NASA, S. 51 u/l; NASA/JPL/USGS, S. 51 u/r; NASA/JPL, S. 52-53, 52 m/r, m/l, u; GS/NASA, S. 52 o; GS/NASA/JPL-Caltech, S. 53 o; NASA/JPL/USGS, S. 53 m/o; GS/NASA/JPL, S. 53 m/u; NASA/JPL/USGS, S. 53 u; ESO/M. Kornmesser, S. 54-55; GS, S. 54 o; GS/NASA, S. 54 m/r; NASA-Applied Physics Laboratory, S. 54 m/l; NASA, ESA, and A. Feild (STScI), S. 55 o/l; A. Feild (STScI), S. 55 o/r; JHUAPL/SwRI, S. 55 m/o; NASA/JHUAPL/SwRI, S. 55 m/u; NASA/JPL-Caltech/R. Hurt (SSC-Caltech), S. 55 u/o; GS/Tomruen, S. 55 u/u; ESO, S. 56-57; NASA/JHUAPL/SRI, S. 56 o/l, S. 57 o, m/r, m/l; NASA/ESA/SRI (M. Buie), S. 56 o/r; NASA/Applied Physics Laboratory, S. 56 m; GS, S. 56 u; NASA/Southwest Research Institute/Alex Parker, S. 57 u; Y. Beletsky (LCO)/ESO, S. 58-59; GS/ESO, S. 58 m; NASA/ESA/Giotto Project, S. 58 u/r; Lars Nissen, Photoart, S. 58 u/r; NASA/W. Liller, S. 59 o/r; ESO/E. Slawik, S. 59 o/l; ESA/Rosetta/MPS for OSIRIS Team MPS/UPD/LAM/IAA/SSO/INTA/UPM/DASP/IDA (CC BY-SA 4.0), S. 59 u/l; ESA/Rosetta/NAVCAM, S. 59 u/m; NASA/JPL-Caltech/UMD, S. 59 u/r; GS, S. 60-62; NASA/JPL, S. 62 u; Tim Wetherell, S. 62 o; NASA/JPL/UMD, S. 63; NASA/Don Davis, S. 63 o; NASA, S. 63 u; NASA/ESA/Digitized Sky Survey 2 (Acknowledgement: Davide De Martin), S. 64; Steve Jurvetson, https//creativecommons.org/licenses/by/2.0/deed.en, S. 64 m; NASA/JPL-Caltech/ESO/R. Hurt, S. 65; ESO/Digitized Sky Survey 2, S. 66-67; GS, S. 66 m/r; S. 67 o, m/l, u/r; ESA/D. Ducros, S. 66 m/l; Hubble European Space Agency, Credit Akira Fujii, S. 67 m/r; ESO/L. Calçada, S. 67 u/l; NASA/JPL-Caltech, S. 68-69; NASA, S. 68 m/l, m/r; NASA/GSFC, S. 68 u; NASA/JPL-Caltech, S. 69 o, m/u; NASA/Ames/JPL-Caltech, S. 69 m/o; ESO/M. Kornmesser, S. 69 u; ESO/M. Kornmesser, S. 70-71; SETI@home/Space Science Lab, Berkeley University, S. 70 m, u/u; GS, S. 70 u/o; NAIC, S. 71 o/l; Arne Nordmann (norro), S. 71 o/m; NASA/JPL, S. 71 o/r; Morganoshell, S. 71 u; ESO/T. Preibisch, S. 72-73; ESO/L. Calçada, S. 72 o; ESO/M. Kornmesser, S. 72 m; GS, S. 72 u; S. 73 m, u/o, u/u; ESO, S. 74-75; NASA/ESA/M. Robberto (Space Telescope Science Institute/ESA) and the Hubble Space Telescope Orion Treasury Project Team, S. 74 m, u; Ken Crawford, S. 75 o; ESO, S. 75 m/l, m/r, u; ESO/G. Beccari, S. 76-77; ESO, S. 76 m, u; NASA/ESA, and STScI, S. 77 o; NASA/ESA/AURA/Caltech, Palomar Observatory, S. 77 m; N. A. Sharp/NOAO/AURA/NSF, S. 77 u; ESO/Digitized Sky Survey 2, Acknowledgement: Davide De Martin, S. 78-79; GS/NASA, S. 78 u; ESA/Hubble & NASA, S. 79 o; T. A. Rector (University of Alaska Anchorage) and H. Schweiker (WIYN and NOAO/AURA/NSF), S. 79 m; ESO/INAF-VST/OmegaCAM, Acknowledgement: A. Grado, L. Limatola/INAF-Capodimonte Observatory, S. 79 u; NASA, ESA, Hubble Heritage Team, S. 80-81; ESO/S. Steinhöfel, S. 80 o; GS, S. 80 m; ESA, NASA, HEIC and The Hubble Heritage Team (STScI/AURA), S. 80 u; GS/ESO, S. 81 o; GS/ESO/L. Calçada, S. 81 m; John Colosimo (colosimophotography.com)/ESO, S. 82-83; NASA/JPL-Caltech/ESO/R. Hurt, S. 82 m/r; ESA/D. Ducros, S. 82 m/l; NASA, ESA, the Hubble Heritage Team (STScI/AURA), A. Nota (ESA/STScI), and the Westerlund 2 Science Team, S. 82 u; GS, S. 83 o; ESO/Sergey Stepanenko, S. 83 m; B. Tafreshi, https//creativecommons.org/licenses/by/4.0/deed.en, S. 83 u; NASA, ESA, SSC, CXC and STScI, S. 84-85; NASA/ESA & A. van der Hoeven, S. 84 m; NASA/ESA and G. Bacon (STScI), S. 84 u; GS, S. 85 o; EHT Collaboration, S. 85 m; NASA/JPL-Caltech, S. 86; NASA/CXC/M. Weiss, S. 86 u; ESO/Gravity Consortium/L. Calçada, S. 87; Nathan Smith (University of California, Berkeley), and NASA, S. 87 o; NASA/ESA/Martin Kornmesser, S. 87 m; GS/ESO/M. Kornmesser, S. 87 u; GS/NASA/ESO, S. 88-89; ESA/NASA, S. 89; ESA/Hubble & NASA, S. 90-91; ESA/Hubble & NASA, Acknowledgement: Judy Schmidt (Geckzilla), S. 90 o; ESO/P. Barthel, S. 90 m; NASA/ESA and A. Riess (STScI/JHU), S. 90 u; NASA/ESA, and The Hubble Heritage Team (STScI/AURA), S. 91 o, u; ESO, S. 92-93; S. 92 m; ESA/Hubble & NASA, S. 92 o, u; NASA/ESA/S. Beckwith (STScI), and The Hubble Heritage Team (STScI/AURA), S. 93 o; ESO/L. Calçada, S. 93 m/o; ESO/MPIfR/NASA, S. 93 m/u; ESO/M. Kornmesser, S. 93 u; NASA/ESA/J. Dalcanton (University of Washington, USA), B. F. Williams (University of Washington, USA), L. C. Johnson (University of Washington, USA), the PHAT team and R. Gendler, S. 94-95; GS/ESO, S. 94 o; NASA/ESA/Digitized Sky Survey 2 (Acknowledgement: Davide De Martin), S. 94 m; ESO/Digitized Sky Survey 2, S. 94 u; NASA/ESA, Z. Levay and R. van der Marel (STScI), T. Hallas and A. Mellinger, S. 95 o; ESO/J. Colosimo, S. 95 m; ESO, S. 95 u; NASA/ESA, S. 96-97; ESA/Hubble/NASA, S. 96 o; Chris Mihos (Case Western Reserve University)/ESO, S. 96 m; NASA/ESA and E. Hallman (University of Colorado, Boulder), S. 97 o; GS, S. 97 m, u; A. Schaller (STScI), S. 98-99; GS/ESO/NASA, S. 98 m; NASA/JPL-Caltech/R. Hurt (SSC), S. 99 o; John Vogel, S. 99 m; NASA/ESA/Harald Ebeling (University of Hawaii at Manoa) & Jean-Paul Kneib (LAM), S. 100-101; ESO/L. Calçada, S. 100 o; NASA/N. Benitez (JHU)/T. Broadhurst (Racah Institute of Physics/The Hebrew University), H. Ford (JHU)/M. Clampin (STScI)/G. Hartig (STScI)/G. Illingworth (UCO/Lick Observatory)/The ACS Science Team and ESA, S. 100 u; NASA, S. 101 o; GS, S. 101 m; GS, S. 101 u; ESO/UltraVISTA team, S. 102-103; NASA/GSFC/Solar Dynamics Observatory, S. 102 o; GS/NASA/ESA and A. Riess (STScI), S. 102 m, u; S. 103 o; Gorge Hellyer, S. 103 m; GS, S. 103 u; ESO, S. 104-105; Ferdinand Schmutzer, S. 104 o; ESA/Hubble & NASA, S. 104 m; GS, S. 105 o; NASA, S. 105 m; NASA/ESA/Martin Kornmesser (ESA/Hubble), S. 105 u; Stefan Binnewies, S. 106-107; GS, S. 107 o; ESO/Digitized Sky Survey 2, S. 108-109; GS, S. 108 o, S. 109 o, m; Mario Weigand, S. 108 m/l, S. 109 u; Klaus Schittenhelm, S. 108 m/r; ESO/Digitized Sky Survey 2, S. 110; GS, S. 110 o; S. 111; Mario Weigand, S. 110 m; Martin Gertz, S. 110 u; NASA/ESA and C. Robert O'Dell (Vanderbilt University), S. 112; GS, S. 112 o, u; S. 113; Martin Gertz, S. 112 m; NASA/ESA, and M. Durbin, J. Dalcanton and B. F. Williams (University of Washington), S. 114; GS, S. 114 o; S. 115; Mario Weigand, S. 114 m, u; ESO, S. 116; GS, S. 116 o, m, S. 117; GS/ESO, S. 116 u; Mario Weigand, S. 118-119, S. 118 u; S. 119 o, m/o/l, m/o/r, u; GS, S. 118 m; Rolf Stoekler, S. 119 m/u; Mario Weigand, S. 120-121, S. 120 u/l, u/r, S. 121 o, m, u; GS/Mario Weigand, S. 120 m; ESO/B. Tafreshi (twanight.org), S. 122-123; GS, S. 122 o, u; Mario Weigand, S. 122 m/o, m/u, S. 123 o, m/u; Klaus Schittenhelm, S. 123 m/o